金沢ばあばのまほう手帖

マスダさん

金沢の春 / 浅野川・梅の橋より下流を見る

はじめまして

はい、はじめまして。お気軽に「マスダさん」、と呼んでくださいい。昭和14年（1939）の生まれです。今年で81歳になったんや。鏡に映る顔見て、あらどこのおばあさん、と思ったら自分や。気がついたらそれはもうあんた、びっくりする年齢になったもんですね。

私は、金沢で育ちました。たっぷりの愛情に包まれて育ちましたが、しつけはそれはもう厳しかったんですよ。特に明治生まれの祖母からは料理やら掃除やら、梅干しや味噌づくり、染め物までありとあらゆる家の仕事を仕込まれました。そしてその祖母もさらにその母に、とご先祖さんからつながっているんや思うとシャキッとせにゃならん、と思うんや。不思議やね。

私がこれまで普通にして来た金沢の暮らしのことを知りたい人がいるらしくて、なんやら恥かしいんやけどね。ふだんの暮らしの一部である、食べ物、掃除、信仰と、いつものレシピや行事ごとなどを季節ごとにまとめてみたし、ちょっとした合間にでも読んでみてね。どうぞよろしく。

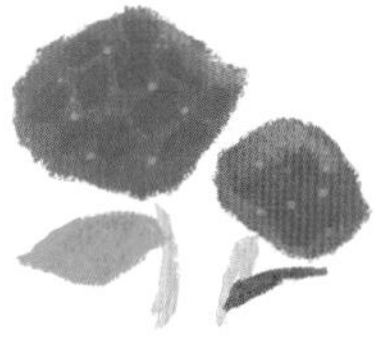

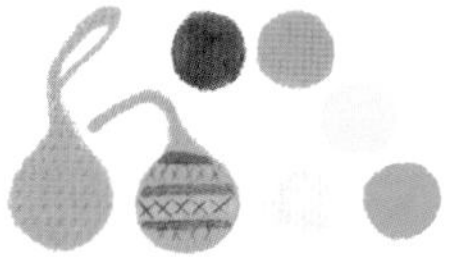

もくじ

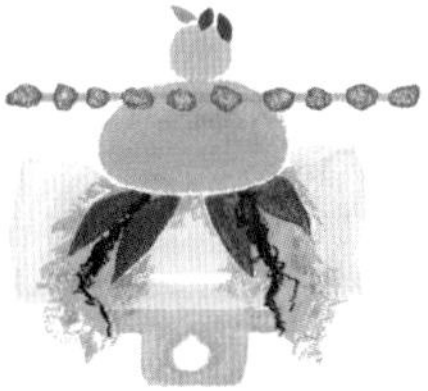

計量…1カップ200cc、大さじ15cc、
小さじ5ccを使用しています。
調味料の分量…3人分を基本としています。

マスダさんの金沢マップ
❼ 昌永橋
❻ 小橋
❺ 中の橋
ひがし茶屋街
屋街
野川大橋
宇多須神社
観音院
卯辰山山麓
寺院群
❸ 梅の橋
卯辰山公園
花菖蒲園
❷ 天神橋
［七つ橋わたり］
❶ 常盤橋
山側環状線
金澤神社
大乗寺
大乗寺丘陵公園
山 側

海側
浅野川
JR金沢駅
めいてつ
エムザ
近江町市場
尾山神社
大谷廟所
犀川
香林坊大和
金沢
21世紀美術館
兼六園
にし茶屋街
石川県立美術館
国立工芸館
石川県立
歴史博物館
N

マスダさんのいつもの一日

4:30

起床・着替え・顔を洗う

5:30

朝ごはん（白米・味噌汁・納豆・とろろ・漬物など）

5:00

神棚、仏壇の掃除、水換え、おまいり、家の掃除をする

6:00

おまいりに出かける（金澤神社・尾山神社・大谷廟所など）

10:00

お買い物（名鉄エムザ・近江町・大和デパートの地下・お肉屋など）次男が陶芸家なので、週に1回か2回工房の掃除に行っています

12:00

帰宅・昼食

14:00

家事をしたり、テレビなどを見て過ごす

17:00

夕食準備・夕食

20:30

就寝

食べ物

食べられることに感謝する

私は昭和14年の生まれやからね、小さい時は戦争やね。アメリカの飛行機が空を飛んでいつ頭の上に来るかわからん、何とはなしに怖い。そんな時代やった。食べ物をどうやって手に入れるか、みんなそればかり考えとった時代や。今では考えられんね。

私は母の里が津幡というところで農家やった。田んぼも畑もあったから戦争やっちゅうても食べ物の苦労はなかったね。戦争中はみんなサツマイモ食べとったようなこと世間では言われとるけど、うちは白米を食べとった。それでも町の人らは、袋を縫って帯の下に巻いたりして隠しながら米や小豆を買ったと聞いていた。農家というだけで食べ物には不自由したことない、ありがたいことやね。米粒一つ残さないで全部いただく、それは繰り返し教わりました。

受け継がれる料理

子どもの頃は手仕事をよく手伝いましたよ。玉ねぎや柿を干したり胡麻、豆の処理、縄を綯いだりそれで虫かごをつくったりね。お祭りやお盆となればみなで食卓を囲んだもんや。年末になると、家でつくった餅米で親戚中が集まって餅つきです。手で餅をまるめて小豆をまぶしてね、楽しかった思い出です。

お節料理は年末の30日から用意し始めます。黒豆を煮て、棒鱈を戻し、筑前煮や大根なます、お刺身の昆布締めをつくります。31日には鰤を焼くなどご馳走を山ほど。年明けには兄弟や子ども、孫たちと食卓を囲みます。

祖母が料理上手だったのでつくり方を教わりに近所の人がたくさん来とった。私もそうやって覚えていったもんです。

細かい手間を惜しまない

金沢は海にも近い山にも近い。四季の違いがはっきりしているから食べ物のバリエーションが豊富やね。

ご馳走という漢字は走り回って材料を吟味して用意されたもののことを言うらしいね。料理が大好きですし、いつも楽しんでやっています。

何でも新鮮な物しか買わないことにしています。野菜「めいてつエムザ」、果物と肉は「香林坊大和」、魚は「近江町市場」、乾物は「なんぼ」と買うところをそれぞれ決めているし、迷うことはないね。

大事なことは心を込めること。新鮮で身体によい材料を使い、細かい手間を惜しまないこと。そして料理にあった器を選び、食卓を楽しく、そう心がけています。

掃除

掃除を習慣に

生活をするということは何といっても掃除が基本。祖母は几帳面で畑は草一本もないほど綺麗にして、近所でも評判やった。そんな祖母の考えは「子どもの時に厳しくしつければ大人になってどんなところに嫁に行っても弱音を吐かないだろう」というもの。だから掃除というのはもうピカピカになるまでさせられたし、中途半端は許されんかったね。

そうやって徹底的に仕込まれたんもあるんかな。当たり前のこととして思っとるから、なんの苦でもないね。

まあ、今まで何十年もしてきたことやから掃除は身についた習慣になっております。

空間は内面を表す

外に置いてある植え込みがきちんとしていたら、泥棒も寄り付けないという話も聞くし、家相というのがあるんじゃないかね。私も昔から不思議なんやけど、家を見た瞬間に、この家の人がどういう人かわかるんや。中に入ればますますはっきりするね。玄関は自分の顔、毎日顔を洗わない人はいないでしょう。台所もトイレも健康と関わっているところ。そんな場所が不浄だと人生何をやってもうまくいかない。特に女の子は病気になりやすいとか私の小さい頃は言われていたくらいや。それは長い間人の家をお掃除してきたからわかります。例外はないね。

そして、決まったところに決まったものが片づいて整理整頓されていれば、頭の中の整理につながるし、必要なものがすぐに出せる、時間の短縮にもなるし、見た目もスッキリして、おかげさんで人生を明るく過ごしています。

綺麗は幸せを呼ぶ

綺麗なところにだけ幸せが来る。汚い家は邪気が宿るというて、福が入ってこない。そう信じています。いい家具の中で素敵なものを飾ってあっても埃だらけだとものがかわいそうだと思うんや。

時どき、他人さまの家でも玄関やら台所やらが散らかっているのを見ると、自分に片づけをさせてもらえないかと思うくらいです。今の子らの掃除を見とったら簡単なもんやね。きっと家で誰も教える人がいなくなっているから、掃除の仕方がわからんのじゃないかね。

整理された場所だと、福の神が居心地がよくて長くいてくださる。そんな風に思っています。綺麗にしておくことは、代々受け継いだありがたい教えやね。

信仰

神仏に守られる

神さんも仏さんもどちらも大事に祀る。母は倶利伽羅不動尊寺という開山1300年の高野山真言宗のお寺に毎月必ず行っとったくらい、すごく信心深かった。私も神社とお寺を今でも廻っています。尾山神社、大谷廟所、金澤神社、そして近所のお地蔵さん。暮らしの中にいつも神仏がおることが当たり前になってますね。

人生の節目節目で、楽しい時や辛い時。家族に心配事があった時には、毎朝のように通ってただひたすらに祈ってお願いします。すると少しずつ灯りが見えて解決していくように思うんや。何かいつも神仏から守られているようで、自分にもその力が備わってくるんじゃないかと思える。それが信仰というものなんでしょうね。

身近な人を大切に

尊敬できる人というのはまず自分を大切にできる人。自分の身体も天からのいただきもの。粗末にせず、天命を見つけたらただひたすらに黙々と頑張る。そういう人こそ他人に対する重いやりがあると私は思っている。親や旦那さん、奥さんや子ども、仕事仲間など身近な人を大事にしてほしい。基本は自分を含めた人間を尊重できるかどうか。

私は自分本位で身勝手なことをする人が一番嫌い。思いやりのない人、欲深い人。口ばかりの人も嫌いです。世の中は苦しいことの繰り返し。人を羨ましいと思わず、足るを知ること。そんな人同士が信じ、助け合うことができると思うんや。

祈りの力

人には持ってうまれた宿命があると思うね。闇の中にいるみたいに身動きできない、どうしようもできんほど辛くて出口も見えないこともある。八方ふさがり。人がやたらと幸せそうに見えることもある。不思議なもので、自分にだけは不幸なことが起こらんと思っているんや。それもひとつの思い上がりじゃないかね。

私は毎月星回りを見て、自分が気をつけなければいけないことをメモ書きして事前に注意するようにしているんや。でも本当に大変なことが起こった時にどう対処するか、試されとるね。耐えて祈る、それしかない。本当に真摯に祈ったら神さんも仏さんも応えてくれる。やっぱり本気で願うことやね。

春

来るか来るかと待ち遠しい。
大寒過ぎて、節分来れば、
芽吹いてくるのはふきのとう。
涅槃団子はいろとりどりで
蛇口の水の温度も緩む。
女川の桜色づき、
新顔芸妓のお稽古通い。
春は金沢にふわあとあふれる。

筍とわかめの炊き合わせ

長く寒さに閉ざされていた金沢の冬。どんなに春を待っていたでしょう。
固かった木々の新芽がほころび、桜の香りが町に溢れ、人びとが笑顔になります。
山では山菜、筍、海ではわかめが育ちはじめます。
海の幸と山の幸を一つの器でいただきましょう。

材料

筍……1本
生わかめ……30グラム
かつおだし……2カップ
きび砂糖……小さじ2
酒……大さじ1
薄口醤油……大さじ2
みりん……大さじ1
木の芽……3枚

つくり方

一　筍は皮に切れ目を縦に入れる。ぬかを入れて水から炊き、竹串を刺して、すっと入ったら火を止める。
二　筍の皮を剥き、上部は縦に四つ切りに、下部は輪切りにする。わかめは3センチ角に切る。
三　かつおだしの中に筍を入れて、ひと煮立ちしたら、わかめを入れる。
四　砂糖・酒・醤油・みりんを加えて味を調え、中火で5分ほど煮る。火を止め、そのまま冷めるまでおいて味を含ませる。
五　器に盛りつけ、木の芽をそえる。

山芋とカニ蒲鉾の酢味噌和え

シャキシャキとした歯ざわりの山芋。
カリウムを豊富に含み、独特のヌメリがあり消化もしやすい食材です。
カニ蒲鉾で色味を添えて酢味噌でいただきましょう。

材料

山芋……½本
カニ蒲鉾……6房
きび砂糖……大さじ1
白みそ……大さじ1
米酢……大さじ1
シソの葉……3枚
カイワレ大根……適宜

つくり方

一　山芋は皮をむき、3センチの短冊に切り、酢水にさらす。
二　カニ蒲鉾は裂いて小分けにする。
三　山芋とカニ蒲鉾に白みそ・米酢・砂糖を混ぜて和える。
四　シソの葉を敷いた器に盛りつけ、カイワレ大根をそえる。

新玉ねぎの梅和え

採れたての玉ねぎをたくさんいただいた時は紐で結んで軒先に下げておけば長く持ちます。
春は生でいただくのが一番。スライスした玉ねぎのみずみずしさと甘さは梅干しの酸味によく合いますよ。

材料

玉ねぎ（小さめのもの）……1個
梅干し（大きめのもの）……3個
きび砂糖……大さじ1
マヨネーズ……大さじ1
ラディッシュ……3個

つくり方

一　玉ねぎは細切りにして、水にさらす。
二　梅干しは種をはずして、包丁で細かくたたく。
三　玉ねぎの水気をよく取り、二の梅肉・砂糖・マヨネーズを混ぜて和える。
四　器に盛りつけ、ラディッシュをそえる。

アスパラガスのとろろ昆布〆

鯛や鱈、カジキ鮪、甘えびなどのお刺身を昆布で〆て食べますが、ここではお野菜であるアスパラガスをとろろ昆布で味つけしてみましょう。

材料

大根……3センチほど
アスパラガス……3本
とろろ昆布（板状のもの）……3枚
塩……適量
きび砂糖……小さじ2
米酢……大さじ1
人参……適量
すだち（輪切り）……1枚

つくり方

一　大根は薄く輪切りにして、きび砂糖と米酢を合わせた甘酢に漬けておく。
二　アスパラガスは塩をひとつまみ入れた湯に根元から入れ、さっと茹でる。
三　茹でたアスパラガスをとろろ昆布で巻き、30分ほどねかせる。
四　三のアスパラガスのとろろ昆布をはずして4センチ程度に切り、一の大根で巻く。
五　器に盛りつけ、人参の千切りとすだちをそえる。

菜の花とシラスのからし味噌和え

菜の花が市場に出まわりはじめると本当にうれしくなります。茹でて水にさらすと緑がはっきりと濃くつややかに。歯ごたえもよく、甘みのある菜の花。からし味噌で和えて、ピリッとお召しあがりください。

材料

菜の花……1束
シラス（乾燥したもの）……½カップ
砂糖……小さじ2
酒……大さじ1
白みそ……大さじ1
練りがらし……小さじ1
シソの葉……6枚

つくり方

一　菜の花は塩をひとつまみ入れて、さっと茹でる。水をしっかりと絞り、3センチの長さに切り、冷ましておく。
二　白みそ・砂糖・酒・練りがらしを鍋に入れて、弱火で温めながら練り、火を切りそのまま冷ます。
三　菜の花、シラスと二を和える。
四　器にシソの葉を敷き、三を盛りつける。

魚介とラディッシュの炒め物

金沢は海の幸に恵まれた場所。水揚げされた新鮮な魚が手に入り、種類も豊富です。いろいろな魚介のうまみを生かしたシンプルな炒め物。さっぱりとした野菜を合わせてみてください。

材料

えび……6尾
いか……1杯
あさりなどの貝類……適宜
塩……適量
胡椒……適量
酒……大さじ1
バター……大さじ1
おろし生姜……1片分
ラディッシュ……6個

つくり方

一　えびは頭と背ワタを取り、皮を剝く。
二　いかは内臓を取り、皮を剝いて松笠切りにし、一口大に切る。
三　貝類は酒を少し入れた鍋で蒸し煮にし、身をはずす。
四　ラディッシュは実を輪切り、葉を3センチの長さに切る。
五　フライパンにバターと生姜を入れて、えび・いか・貝を中火で5分炒める。
六　塩・酒を加え、最後にラディッシュを入れて、弱火で3分炒める。
七　胡椒をふりかけ、器に盛りつける。

枝豆ごはん

夏も近くなると膨らんでくる枝豆。
できれば畑から採れたての枝つきのものを買い求めたいですね。
新鮮な豆は色つやもよく味が濃くて甘い。
旬の豆をたっぷり使って、枝豆ごはんにしましょう。

材料

白米……3合
昆布（10センチ角）……1枚
枝豆……60粒ほど
酒……大さじ1
塩昆布……大さじ1

つくり方

一　米をよく洗ってザルにあげ、1時間ほどおく。
二　炊飯器に米と昆布・酒・みりんを入れて、いつもの水加減になるように水を加えて炊く。
三　枝豆はさやのまま塩でもんでから茹でて、そのまま冷まして皮からはずす。
四　炊きあがったご飯に枝豆を入れて、ふんわりとふくらませるように混ぜる。
五　器に盛りつけ、塩昆布をちらす。

節分に福の神を招くおまじない

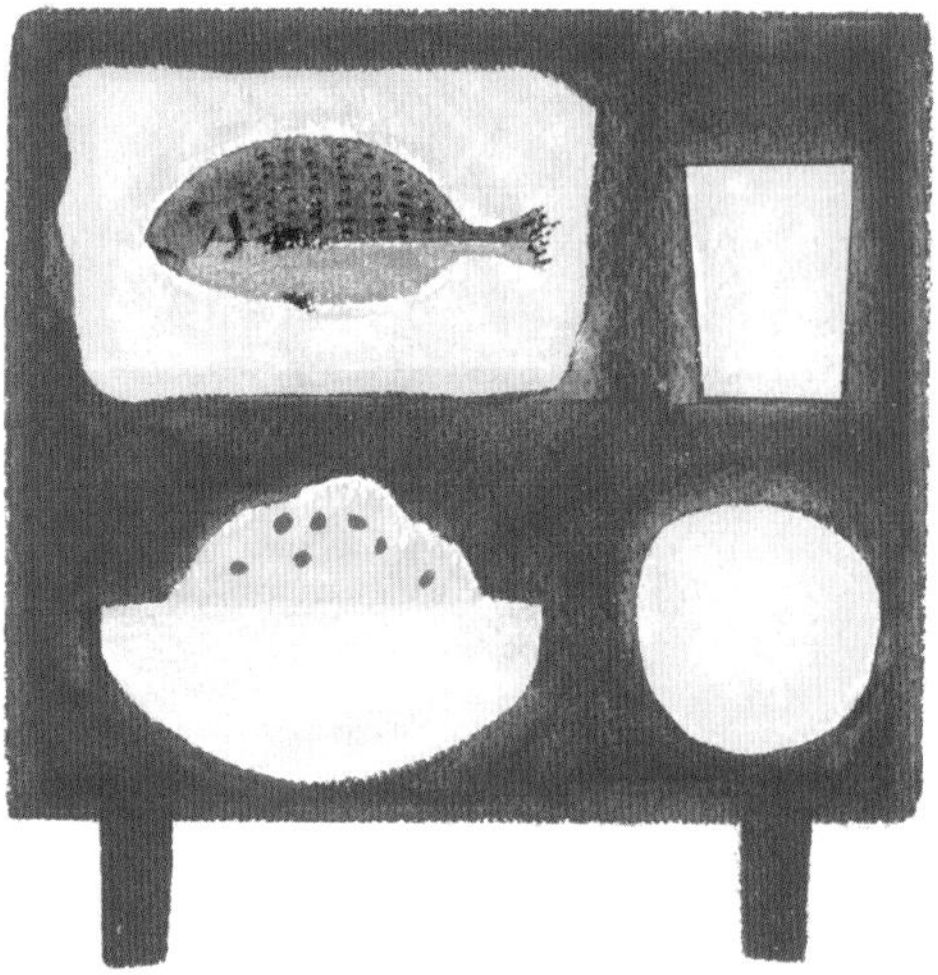

節分の行事として私が行っているものです。鯛のお頭つき、お赤飯、お酒、塩をお膳に並べて、2月3日の0時に恵方方向の窓を少し開けたら一度合掌して、「福の神さん、福の神さん、どうぞお入りください」と言って招き入れ、しばらく窓を開けておく。そのあともう一度合掌してお下がりを家の者皆でいただきます。その家に一年福の神さんがいてくれる、と信じて毎年しています。

涅槃団子と編み袋

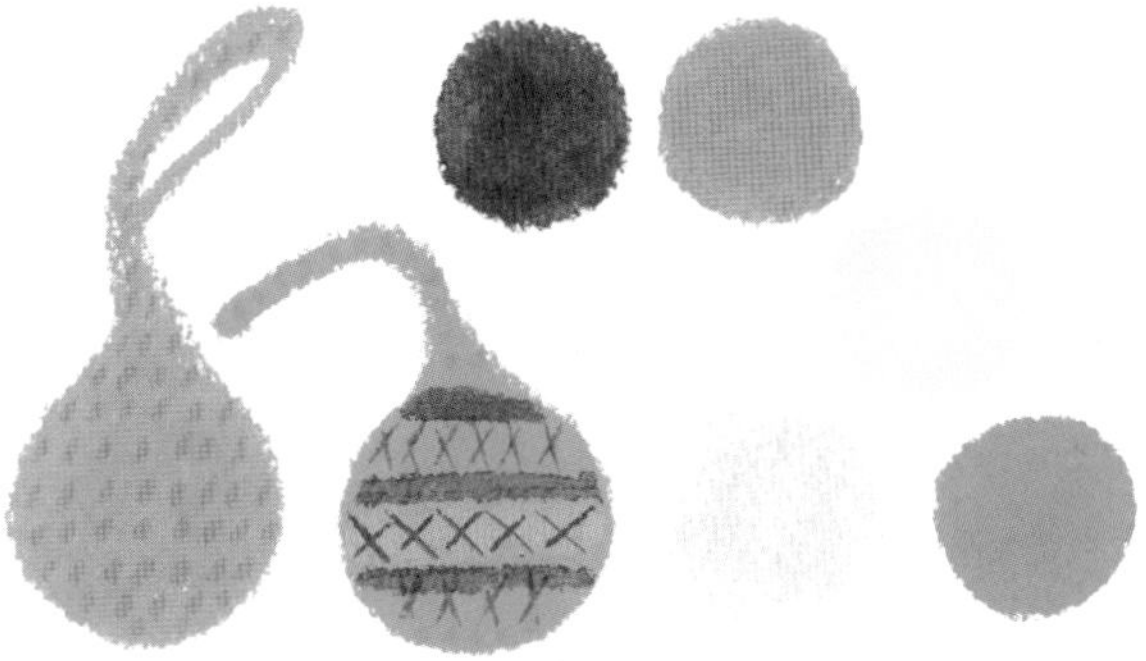

お釈迦様の亡くなった日が2月15日。荼毘にふされた後、弟子たちがその灰を団子にし形見として分け合ったとか、それにちなんで寺院では団子まきが行なわれています。私は大乗寺という曹洞宗のお寺さんのお団子を毎年もらいます。そして、その団子を入れておく袋を手づくりで編んでこしらえています。一つひとついろいろな模様をつけて中にお団子を入れます。身近な人に配ります。玄関に下げたり、お財布の中に入れておくとご利益があります。

夏

菖蒲咲きだし紫陽花笑う。
どじょうのかば焼き香ばしく
色とりどりの夏野菜。
七月十三日新盆キリコ
とうもろこしの四万六千日。
水ひきでくくって玄関に吊る。
すだれ下げたらちりんと風鈴、
打ち水縁側スイカの夕涼み。

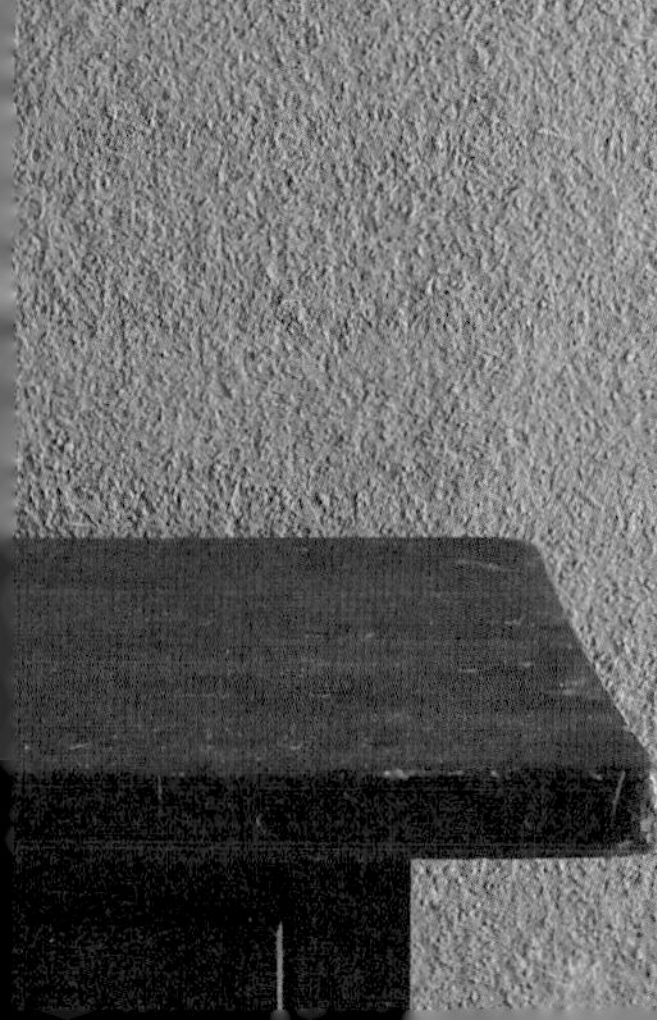

そうめんかぼちゃの蟹風味

夏の暑い時期にとれるそうめんかぼちゃ。
かぼちゃの身がそうめんのように長くなる、不思議な野菜。
味は淡白ですから身体によいさっぱりとした酢の物にして、夏の疲れを癒しましょう。

材料

そうめんかぼちゃ……1個
蟹の缶詰……1缶
だし……½カップ
きび砂糖……大さじ1
米酢……¼カップ
イタリアンパセリ……適量

つくり方

一　そうめんかぼちゃは、¼くらいに切り、水から約10分ほど茹でる。
二　そうめん状になったかぼちゃを掻き出し、水にさらして絞る。
三　そうめんかぼちゃに蟹缶の身をほぐしたもの・缶詰の汁・だし・きび砂糖・米酢を和える。
四　器に盛りつけ、上にパセリをそえる。

きゅうりの酢の物

採れたての新鮮なきゅうりは歯ごたえもよく酢との相性も抜群です。わかめとあさりを一緒にさっぱりとした箸休めにどうぞ。

材料

きゅうり……2本
生わかめ……30グラム
あさり……20個
おろし生姜……一片分
砂糖……小さじ2
酒……小さじ1
米酢……大さじ2

つくり方

一　きゅうりは斜め切りする。軽く塩をして、水気を絞る。
二　わかめは3センチ角に切る。
三　あさりは½カップ程度の水に酒を入れて、酒蒸しにする。身は殻からはずす。
四　きゅうりにわかめとあさりを加え、生姜・米酢・砂糖と和える。

オクラの白ごま和え

オクラは切り口が新しく角がしっかりしているものを選びます。独特のぬめりがあって、それが身体によい栄養素となります。隠し味にマヨネーズを使うとまろやかさとこくがでますよ。

材料

オクラ……8本
だし……1カップ
白ねりごま……大さじ3
マヨネーズ……大さじ1
針唐辛子……適量

つくり方

一　オクラは軸の固いところを切り、はかまの部分を取り除く。だしでさっと茹で、そのまましばらくつけておく。
二　オクラを半分はそのままに、あとは1.5センチの長さに小口切りにし、白ねりごま・マヨネーズと和える。
三　器に盛りつけ、針唐辛子をそえる。

夏野菜の甘酢漬け

夏は暑さで胃腸も疲れてきます。
食欲がない時、冷蔵庫に常備しておくと便利なすぐれもの。
だしがきいているので、酢っぱいものが苦手な人でも食べやすい甘酢漬けです。

材料

きゅうり……1本
白かぶ（中くらいのもの）……1個
パプリカ（赤・オレンジ・グリーン・黄色）……各1個
ズッキーニ……1本
だし（かつお・こんぶ）……1カップ
塩……小さじ2
きび砂糖……大さじ2
米酢……½カップ

つくり方

一　ヘタと種を取ったパプリカ・きゅうり・かぶ・ズッキーニは一口大に切る。
二　切った野菜とだし・塩・きび砂糖・米酢をよく混ぜる。
三　ジッパー付きの袋や瓶などに入れて、冷蔵庫で30分以上ねかせる。

ごぼうの炒め煮

ごぼうは縄文時代に日本に伝わったともいわれています。
食べるようになったのは江戸時代から明治にかけてだそうですよ。
もともと大陸のものだったのですね。
ごぼうは煮てから炒めることで一味違った味が楽しめます。

材料

ごぼう……2本
ごま油……大さじ3
きび砂糖……大さじ2
酒……大さじ1
醤油……大さじ2
レモンの皮（乾燥させたもの）……適宜
シソの葉……3枚
ライム輪切り……3枚

つくり方

一　ごぼうは土を洗い、皮のまま5センチほどの長さに切る。
二　ごぼうにきび砂糖、・酒・醤油を加え、10分ほど煮る。
三　フライパンにごま油を入れて、煮込んだごぼうを5分ほど炒める。
四　シソを敷いた器に盛りつけ、レモンの皮とライムの輪切りをそえる。

茄子のオランダ煮

オランダ煮は、江戸時代から食べられている料理。
長崎の出島に降り立ったオランダ人から聞き伝わったものとか。
油で揚げて、だしや醤油で炊くものをそう呼んでいるらしいです。
金沢では「オランダ煮」といったら必ず茄子を思い浮かべるほどの定番料理です。

材料

茄子（中ぶりのもの）……6個
みょうが……6個
寿司酢……大さじ1
ごま油……大さじ3
だし……1カップ
きび砂糖……大さじ1
酒……大さじ3
醤油……大さじ2
みりん……大さじ1

つくり方

一　茄子は頭を取り、お尻の方に適宜切り目を入れて、水にさらす。
二　みょうがはさっと茹でて、寿司酢にくぐらせ色を出す。
三　フライパンにごま油を入れて、茄子を弱火から中火で、色が変わるくらいまで炒める。だし・きび砂糖・酒・醤油・みりんを加えて、味をしみこませる。
四　最後にみょうがをさっと入れて、火から下して冷ます。

銀杏ごはん

いにしえの人たちはあの強烈に匂う実の中に、つややかで苦みのある銀杏があることをどうやって知ったのか。

いろんな歴史を経て、私たちの口に入るようになったことを不思議に思います。

普段は引き立て役の銀杏を主役にした炊き込みごはんをどうぞ。

材料

米……3合
銀杏……30粒
昆布（7センチ角）……1枚
塩……小さじ1
酒……大さじ1
塩昆布……大さじ1

つくり方

一　米をよく洗ってザルにあげ、1時間ほどおく。
二　銀杏は固い皮を剥いて茹でる。茹でながらしゃもじの裏で転がすようにして、薄皮を取る。
三　炊飯器に米・昆布・酒・銀杏・塩を入れて、いつもの水加減になるように水を加えて炊く。
四　炊きあがったご飯は30分ほど蒸らしてから器に盛りつけ、塩昆布をちらす。

紫陽花のおまじない

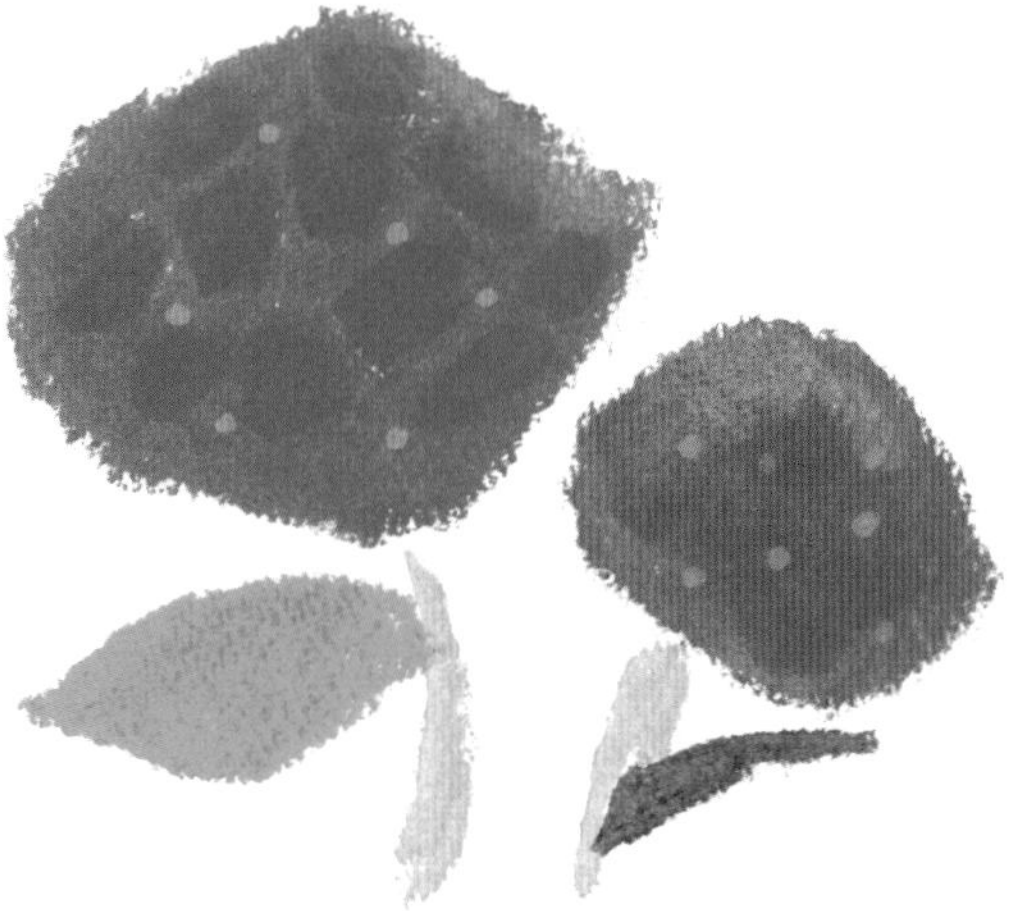

夏至の日にどこからか紫陽花を切ってくる。その時に「紫陽幸《あじさいわい》いの金袋、紫物《むらさきもの》ぞ我がものと知れ」と、唱えながら切ります。そして持ち帰って来た紫陽花を線香の煙で清めます。半紙に包み、根元を水ひきで縛って玄関に下げておきます。紫陽花は金運を呼び込むそうです。おまじないなんですが、ご利益があるから、習慣が残っているのでしょう。

四万六千日のトウモロコシ

8月がくると、四万六千日がもうすぐです。観音様の功徳日、この日にお参りすると、四万六千日分お参りしたことになるそうです。東山の観音院に行って祈祷が済んだトウモロコシを貰ってきます。なるだけひげの長い粒揃いのトウモロコシがよい。それをしっかり水引きでしばって、玄関に吊るしておくと子孫繁栄、商売繁盛。次の年は前の年のトウモロコシと交換してもらいます。

秋

九月は朝晩涼しくなって、
苔の緑はますます冴え、
お彼岸来たら七つ橋、
独り黙って渡りましょう。
卯辰山が黄色赤色。
ホクホク五郎島金時も、
あま～くなって黄色くなる。
炭火で焼く秋茄子柔らかい。

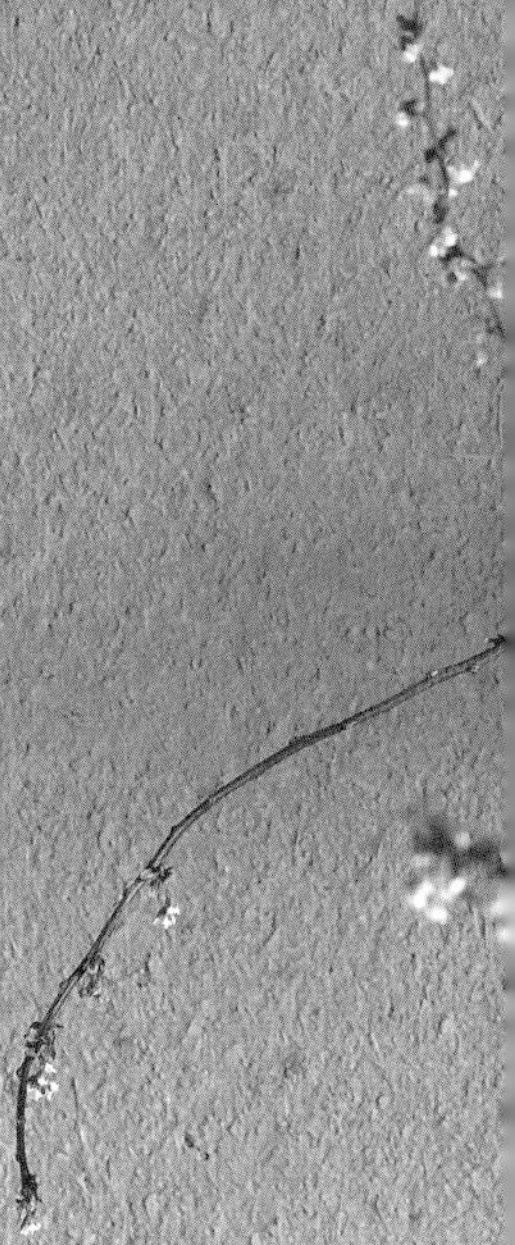

きのこ漬け

一年中見られるようになったきのこですが、やはり旬は秋。
もともと私たちの身体は四季に馴染んで暮らして来たように思います。
その時節時節にあった食材を食べたいものですね。

材料

きのこ（しめじ・しいたけ・エリンギ・えのきだけなど）……300グラム
人参（中くらいのもの）……3センチ
だし……大さじ2
ごま油……大さじ1
砂糖……大さじ1
酒……大さじ1
醤油……大さじ1
みりん……小さじ2
米酢……小さじ2
カイワレ大根……適量

つくり方

一　きのこは少量の水に酒を入れて、さっと茹でてそのまま冷まし、水気を絞る。
二　人参は花型の飾り切りにして茹でておく。
三　だし・ごま油・砂糖・酒・醤油・みりん・米酢をひと煮立ちさせたものに、きのこ・人参を20分～30分ほど漬ける。
四　器に盛りつけ、カイワレ大根をそえる。

おからの和え物

おからは庶民の食卓になじみ深い食材です。食物繊維たっぷりで、値段も安く、コロッケやハンバーグ、味噌汁などにも入れることも。和え物にする場合は、おからが新しいうちに調理するようにしましょう。

材料

おから……2カップ
ごぼう……1本
ねぎ……1本
枝豆……20さや
カニ蒲鉾……3本
ごま油……大さじ1
だし……カップ1
砂糖……大さじ1
酒……大さじ1
薄口醤油……大さじ1
みりん……大さじ2
マヨネーズ……大さじ2
みょうが……適量
カイワレ大根……適量

つくり方

一 ごぼうは細目の斜め切りし、ねぎは小口切りにする。
二 枝豆は茹でて、さやから取りはずす。カニ蒲鉾は裂いて小分けにする。
三 フライパンにごま油を入れて、ごぼうを弱火で3分ほど炒める。ねぎ・だし・砂糖・酒・薄口醤油・みりんを加えて、5分炒める。
四 三におからを入れて混ぜ合わせ、火から下して冷ます。
五 四に枝豆・カニ蒲鉾を加え、マヨネーズで和える。
六 器に盛りつけ、みょうがとカイワレ大根をそえる。

春菊と豚肉のさっと煮

春菊は新鮮なものほど香り高く、独特の強い風味があります。癖があるのに肉でも魚でも、和えても炒めても、意外とどんなものでも合わせられる野菜。豚肉との相性もばつぐん。時間をかけずに簡単につくれますよ。

材料

豚バラ肉……100グラム
春菊……1束
だし……1/4カップ
めんつゆ（ストレート）……1/2カップ
細切り生姜……一片分

つくり方

一　豚バラ肉を茹でる。
二　春菊は5センチほどの長さにして茹でる。
三　茹でた豚バラと春菊にめんつゆ・だしを入れて2分煮る。
四　器に盛りつけ、生姜をそえる。

さつまいものレモン煮

さつまいもは子どもたちがワイワイ言いながら掘り出す秋のお楽しみ。
金沢では加賀野菜として五郎島金時が有名です。
晩秋から冬にかけて甘さが凝縮されていきます。
日をおくほどに糖質が高くなるので採れたてではなく、少し待つのがよいですね。

材料

さつまいも……2個
レモン……1個
はちみつ……¼カップ
塩……ひとつまみ

つくり方

一　さつまいもとレモンは輪切りにする。
二　鍋に材料がひたる程度の水を入れて、レモンとはちみつ・塩を加え、落とし蓋をして煮る。
三　やわらかくなったら、火から下してそのまま冷ます。

加賀蓮根としいたけの炊き合わせ

加賀蓮根はでんぷん質が多く粘りが強いのが特徴で、太くて関節が短く肉厚。秋から冬にかけて収穫のピークを迎えます。

いろんな料理に使えて穴だらけの切り口も面白い、北陸の料理には欠かせない野菜です。

材料

蓮根……1本
牛肉……100グラム
干ししいたけ……6個
板黒こんにゃく……½枚
人参……3センチ
スナップエンドウ……3個
しいたけの戻し汁
……½カップ
かつおだし（顆粒）
……小さじ1
きび砂糖……大さじ2
酒……大さじ2
醤油……大さじ2
みりん　大さじ2

つくり方

一　干ししいたけは水で戻しておく。戻し汁は捨てずにとっておく。
二　蓮根はたわしで洗って、皮ごと乱切りにする。
三　こんにゃくは三角に切って鍋に入れて、水から沸騰させてアクを取りザルにあげる。
四　人参は飾り切り、スナップエンドウは筋を取って二つに切り、下茹でをしておく。

五　フライパンに油をひいて牛肉を炒め、蓮根・戻した干ししいたけ・こんにゃくを入れ、弱火で5分ほど炒める。

六　五にしいたけの戻し汁・かつおだし・きび砂糖・酒・醤油・みりんを入れて、味を調えながら中火で7分ほど炊く。

七　六に人参の飾り切りとスナップえんどうを加えて、3分ほど炊いて火を止め、そのまま冷めるまでおいて味を含ませる。

ニシンと茄子の煮つけ

京都では夏に食べることが多いようですが、金沢では秋茄子の美味しい時期にこの料理をつくります。

夏を乗り切ったあとの身体には、ニシンの渋味と茄子の味がしっくりときますね。

材料

身欠きニシン……1本
茄子（小ぶりのもの）……6本
だし……1と½カップ
きび砂糖……大さじ3
酒……大さじ1
醤油……大さじ2
みりん……大さじ1
絹さや……3枚

つくり方

一　ニシンは米のとぎ汁につけて一晩かけて戻す。

二　戻したニシンはよく洗い、ウロコや骨の部分を洗って3センチの長さに切る。

三　茄子はかのこに切り目を入れる。

四　絹さやはさっと湯がいて冷まし、千切りにする。

五　鍋にニシン・きび砂糖・酒・醤油・みりんを入れて、中火で15分ほど炊き、煮汁から取り出す。煮汁に茄子を入れて、10分ほど炊く。

六　器に盛りつけ、絹さやをそえる。

蓮根ごはん

ほこほことした小坂蓮根は加賀野菜の代表。ポリフェノールが多く含まれています。
金沢では蓮根掘りは冬の風物詩。
秋から春にかけて美味しい蓮根が出回ります。
酢の物や煮物、肉料理にしたり、天ぷらにしたり油とも相性がよいですね。
そんな蓮根でつくる炊き込みご飯です。

材料

米……1と½合
黒米……½合
蓮根（細めのもの）……1本
昆布（10センチ角）……1枚
酒……大さじ1
醤油……大さじ1
生姜……適宜

つくり方

一　米をよく洗ってザルにあげ、1時間ほどおく。
二　蓮根は輪切りにして水に少しの間さらす。
三　生姜を細かく千切りにして、水にさらしておく。
四　炊飯器に米・昆布・蓮根・酒・醤油を入れて、いつもの水加減になるように水を加えて炊く。
五　炊きあがったご飯は30分ほど蒸らしてから器に盛りつけ、三をそえる。

七つ橋渡り

毎年9月のお彼岸の中日に行なう儀式です。数珠を持ち、白い新しい下着を身につけて、23日の0時に浅野川の常盤橋を出発します。住んでいる岸の反対側からジグザグに常盤橋、天神橋、梅の橋、浅野川大橋、中の橋、彦三大橋、昌永橋の七つの橋を渡ります。無言で渡ること、後ろを決して振り返らないこと。渡り終えて家に帰ったら、下着を紅白の水引きで縛り箪笥の奥にしまっておくと年をとっても下の世話にならないと言われています。

毎月一日のおまじない

月の始まりは、月の満ち欠けによる「月立ち」が転じて「ついたち」と呼びます。毎月一日に朝布団の中で、言葉を唱えてから起きます。「一日（ついたち）や一日や、月見る月は多かれど、金見る月はこの月の初めなり」。そして、倶利伽羅不動尊に詣でます。家内安全、無病息災、子孫繁栄、それから何よりひと月無事でこられました、と感謝をお伝えします。

冬

そろそろ香箱解禁で、
金沢おでんの揃い踏み。
鰤起こしが轟けば
もうすぐ雪もちらほらと。
今夜は日本酒と鱈の子付けで、
ほっこりとおこたつがいいね。
かぶら寿司の糀は甘く、
お節の用意をせんなんね

ねぎぬた

鯛の切り身を使ったねぎぬた。
ねぎにもいろいろ種類がありますが、細ねぎを使うと見た目も少し上品に。
鯛の代わりにいかやたこ、鰯などを使ってもよいですね。

材料

細ねぎ……3本
鯛の刺身……½冊
きび砂糖……大さじ1
白みそ……大さじ1
米酢……大さじ1
練りからし……小さじ1
みかんの皮（乾燥したもの）……適量

つくり方

一　細ねぎは3センチくらいに切り、さっと茹でる。
二　鯛の刺身は薄切りにする。
三　きび砂糖・白みそ・酢・練りからしを混ぜ、細ねぎと和える。
四　三に鯛を入れて、器に盛りつけ、みかんの皮をそえる。

里芋の煮物

里芋のことを金沢では「いものこ」と呼ぶ人もいます。
大きな葉っぱの上に採れたてのいものこを載せてお裾分け。
ホクホクと薄味で煮て里芋本来の風味を味わいましょう。

材料

里芋……6個
ふかし（金沢のはんぺん）……2枚
みょうが……3個
だし……1と½カップ
きび砂糖……大さじ1
酒……大さじ1
醤油……大さじ1
みりん……大さじ1

つくり方

一　里芋は皮を剥いて半分に切り、面取りをする。
二　ふかしは縦に半分、それを横にしてさらに3等分する。
三　みょうがは縦に半分に切る。
四　里芋とふかしにだし・きび砂糖・酒・醤油・みりんを加えて7分ほど煮る。最後にみょうがを入れて、3分ほど煮る。

エビス（べろべろ）

お正月やお祭りの時、普段でも食卓に登場する昔ながらの郷土料理。それぞれの家庭ごとに味が違います。甘味を強くしたり、生姜の絞り汁を入れることも。金沢のお節料理では「おたふく豆」「酢蓮根」などと一緒に盛りつけられ、孫子の代まで伝わっていってほしい一品です。

材料

乾燥寒天……1本
卵……2個
塩……小さじ½
砂糖……大さじ2
醤油……大さじ1
生姜汁……小さじ1

つくり方

一　乾燥した寒天を手でちぎり、適量の水に入れてふやかす。
二　鍋に湯を沸かし、一をさらに小さくちぎって入れて煮溶かす。
三　寒天が全部溶けたら、塩・きび砂糖・醤油・生姜汁を入れてひと煮立ちさせ、溶き卵をまわし入れて、火を止める。平たい容器の中にゆっくり流し込み、冷めたら冷蔵庫で保存する。
四　固まったものを四角く切って、盛りつける。

車麩と野菜の炊き合わせ

金沢ではお麩といえば、車麩。乾燥しているので保存がききます。水やお湯で戻し、卵でとじたり、すき焼きの具にしたりもします。丸くて真ん中に穴が開いているので車輪に例えられているのでしょう。

材料

乾燥した車麩（輪切り）……6個
ふき……3本
干ししいたけ（中くらいのもの）……6個
人参……3センチ
こんにゃく（下ゆでしたもの）……½枚
しいたけの戻し汁……1.5カップ
醤油……大さじ2
めんつゆ……1カップ
みりん……大さじ1

つくり方

一　干ししいたけは水で戻し、戻し汁を取っておく。
二　ふきは皮を取って、3センチに切る。
三　車麩・ふき・しいたけ・人参・こんにゃくに戻し汁・めんつゆ・みりんを入れて、7分ほど炊く。そのまま冷めるまでおいて味を含ませる。

大根寿司

金沢の冬を彩るかぶら寿司は、かぶを塩漬けし、鰤を間にはさんで糀とともに漬けたもの。かぶの代わりに大根を、鰤の代わりにニシンを使うのが大根寿司です。手間と時間はかかりますが美味しくできた時の喜びはひとしおです。
※大根は加賀野菜の源助大根を使い、12月の20日頃に下漬けを始めます。

材料

源助大根……3本
塩……大根の重さの4％
身欠きニシン……5本
糀……約1キロ
昆布（10センチ×30センチ）……1枚
人参……1と½本
ゆず……1個
赤唐辛子……2本～3本
山椒の葉……適宜

つくり方

○下漬け
一　大根を綺麗に洗って皮ごと5センチほどの幅で輪切りにし、さらに半分に切ったものを3等分にする。
二　大根の重さを計って4％の分の塩を用意し、漬物用の容器に大根と塩を交互に入れて重しをし、本漬けまで5日ほどおく。

○本漬け

一　本漬けをする前日に身欠きニシンを米のとぎ汁につけて一晩おく。

二　炊飯器で白米（新米でない方がよい）を1合に8倍の水を入れておかゆをつくる。炊きあがったお粥に糀をパラパラと入れ、炊飯器を保温状態にして蓋を開けたまま、上を濡れた手拭いで覆っておく。時々しゃもじでかき混ぜる。6時間～8時間後、発酵した麹ができる。麹は本漬けの前につくっておく。

三　人参とゆずは皮を剝き、昆布とともに千切り、ニシンは3センチの長さに、とうがらしは輪切りにする。

四　漬けてあった大根を水切りし、漬け物容器に糀、大根、ニシン、人参、昆布、唐辛子、ゆずの順に入れ、最後は糀で終わるように漬け込んでいき、重しをする。

五　5日後くらいから食べられるようになる。お正月に鉢に盛りつけお節と一緒に食卓へ。

鯛の唐蒸し

鯛の中におからを詰める「鯛の唐蒸し」。「唐蒸し」の由来は、長崎を訪れた加賀藩の料理人が中国料理風の鯛のけんちん蒸しの調理法を持ち帰ったこと。腹を切るのが切腹を思い出させ縁起物にふさわしくないことから鯛を背開きにします。金沢の武家文化の一端が見えますね。婚礼では雄雌二尾の鯛を用います。

材料

真鯛……1尾
昆布（幅10センチ・長さ20センチ）……1枚
おから……2カップ
人参……½本
しいたけ……2個
ねぎ……1本
枝豆……10さや
きくらげ……3枚
かんぴょう……1本
ごま油……大さじ1
だし……1カップ
酒……大さじ1
醤油……大さじ1
みりん……大さじ2
酢……大さじ1
南天……一枝

つくり方

一　真鯛は背開きにして、内臓を取り、きれいに洗う。
二　昆布は酒で拭き、湿らせておく。かんぴょうはぬるま湯で戻しておく。
三　ねぎは輪切りに、人参は薄切りにし、しいたけ・きくらげは千切りにする。枝豆は茹でてさやから出しておく。

四　フライパンにごま油を入れて、ねぎ・しいたけ・きくらげ・人参・枝豆を炒める。
五　四にだし・砂糖・醤油・みりんを加えて7分ほど煮る。
六　五におからを入れて3分ほど煮る。
七　六のおからを鯛の背開きの中につめ、まわりを昆布で巻き、かんぴょうで縛る。皿に載せて蒸し器で15分ほど蒸す。
八　お正月らしい器に盛りつけ、南天をあしらう。

むかごごはん

季節ごとの炊き込みごはんはいろいろありますが、とりわけこのむかごごはんは山の恵みを感じられて嬉しいものです。

むかごは自然薯などの山芋の地上にできる子どものようなもの。

栄養価も高く口当たりもほこほこして幸せな気持ちになりますね。

材料

米……3合
むかご……30個
酒……大さじ1
昆布茶……小さじ3

つくり方

一　米をよく洗ってザルにあげ、1時間ほどおく。
二　炊飯器に、米とむかご・酒・昆布茶を入れて、いつもの水加減になるように水を加えて炊く。
三　炊きあがったご飯は30分ほど蒸らしてから、器に盛りつける。

金沢のお正月飾り

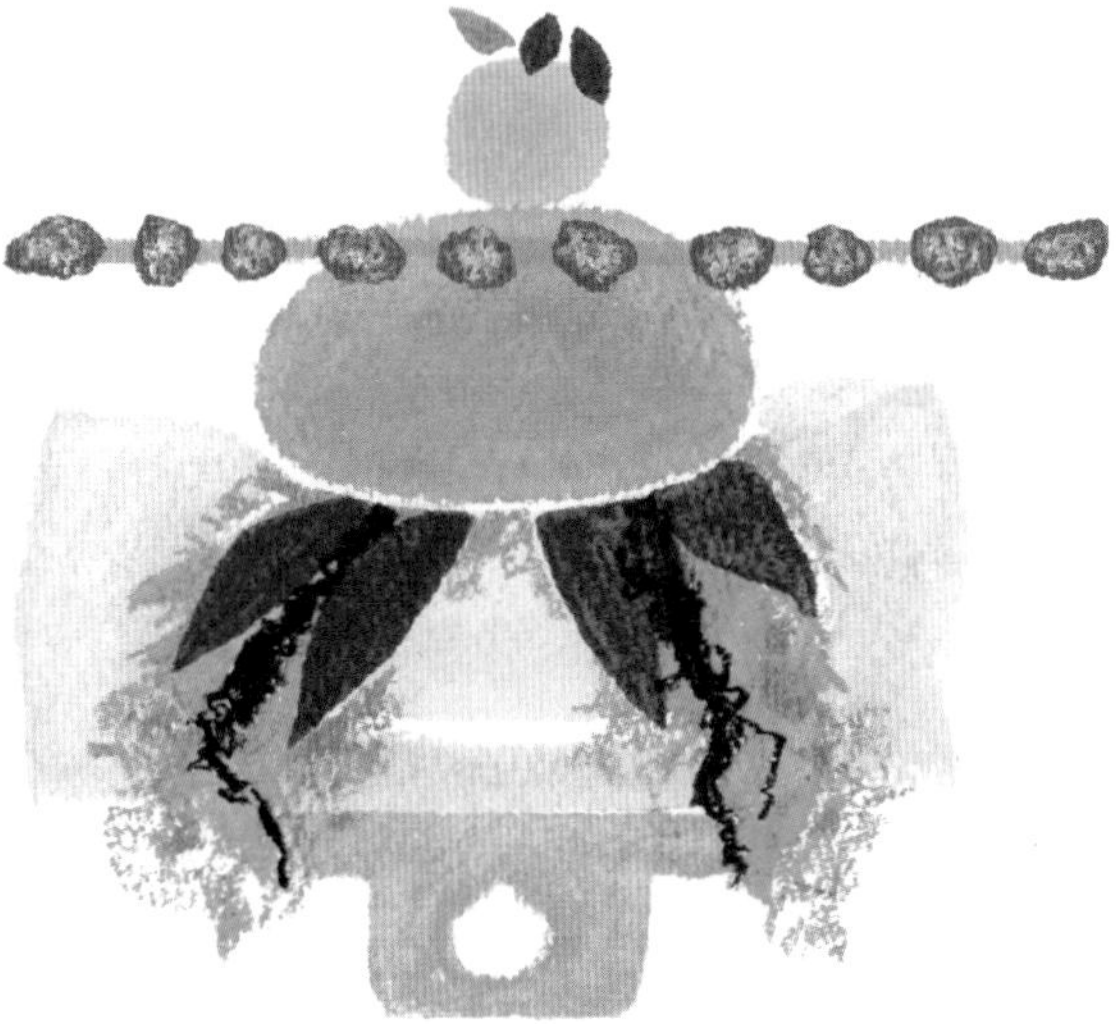

大晦日の掃除は29日までに終わらせます。正月飾りは29日と31日を避けた吉日にするのが習わし。玄関にしめ飾り、神棚にもしめ縄をかけます。鏡餅は、紅白のお餅を上が紅、下が白、串柿、裏白、ゆづり葉、海藻、橙で飾ります。神様が宿る依り代なので、家の者が皆集まるところに飾って、守ってもらいます。松の内が済んだら鏡開きをします。包丁を使わないで、手か槌で割って、残さず食べます。

実のなる樹に問いかける

これは、実のなる樹に宿る精霊がいると信じる人たちの昔からの風習です。1月15日に、柿や梅、いちじくや柚子、なんでも実のなる樹に、なたでちょっと傷を付けてそこに小豆のお粥を付けて、精霊の代理に問いかけるというものです。「なるか、ならんか!」、と一人が尋ね、「なります、なります!」ともう一人が答えます。実がたくさんなって欲しいという願いが込められています。

日持ちのもう一品

人参のサラダ

人参は一年中見られる野菜ですね。そのほとんどが西洋人参。本当の人参の旬は秋から冬にかけて、ということをご存知でしょうか。特に金時人参はお節料理に求められることが多く、11月ごろから1月ごろに出荷されることが多いそうです。千切りとすりおろした人参の食感を楽しんでみてください。

材料

人参……2本
塩……小さじ½
きび砂糖……大さじ1
米酢……大さじ2
パセリ……適宜

つくり方

一　人参は1本を千切りに、もう1本はすりおろす。
二　千切りした人参に塩をふり、水分が出てきたら絞る。
三　千切りとすりおろした人参ときび砂糖・米酢を和える。
四　器に盛りつけ、パセリをちらす。

ふきのとう味噌

ふきのとうが出てくると厳しい冬を耐えたご褒美のように思えます。金沢の積もった雪の中からふきのとうを見つけた時の喜びはひとしおですね。つぼみが開きかけたふきのとうは香りが強く、色がきれいに仕上がります。

材料

ふきのとう……20個
砂糖……大さじ4
酒……大さじ2
白みそ……大さじ5
みりん……大さじ3

つくり方

一　ふきのとうはよく洗って水に浸しておく。
二　鍋に砂糖・酒・白みそ・みりんを入れて、弱火でゆっくり温めて錬る。
三　二にふきのとうをみじん切りにしたものを入れて5分炊く。
四　冷めたら瓶などに入れて、冷蔵庫で保存する。

ズイキの酢の物

八つ頭（里芋の一種）の赤ズイキは加賀野菜の一つとして認定されています。金沢市花園地区や三馬地区で栽培され、6月中旬頃から9月にかけて出回ります。お酢との相性がとてもよく、シャキシャキとした食感が楽しめます。食卓を彩る小鉢をいただきましょう。

材料

ズイキ……2本
米酢……½カップ
きび砂糖……大さじ3
食用菊……適量

つくり方

一　ズイキは皮を剥き、5センチくらいの長さに切ってさっと茹でる。
二　茹でたズイキを熱いうちにきび砂糖・米酢を合わせたものに漬け込み、そのまま冷ます。
三　器に盛りつけ、食用菊をあしらう。

※ズイキを茹でずにフライパンで煎って、甘酢に漬けると赤色が濃く仕上がります。

五色豆煮

いろいろな豆や野菜を「さいのめ」にして、目にも楽しい煮豆をつくりましょう。豆も二種類使い、ごま油でこっくり炒めます。アサリを入れることにより、コクが出て深い味わいになり、一層おいしさが増します。

材料

大豆……1カップ
人参……1本
こんにゃく……1枚
蓮根（小）……½本
アサリ缶……1缶
枝豆……20さや

ごま油……適量
だし……1カップ
きび砂糖……大さじ3
酒……大さじ2
醤油……大さじ3
みりん……大さじ2

つくり方

一　大豆は前日から水に浸しておく。
二　人参・こんにゃく・蓮根は1センチ角に切る。
三　枝豆は茹でてさやから出す。
四　大豆がつかるくらいに水を入れて、鍋で30分炊く。
五　鍋にごま油を入れて、大豆・人参・こんにゃく・蓮根・アサリを5分炒める。
六　四にだし・きび砂糖・酒・醤油・みりんを入れて20分ほど炊く。
七　水分が少なくなってきたら火から下し、最後に枝豆を入れて合わせる。

いか糀漬け

季節によっていろいろな種類のいかが市場で見られます。新鮮ないかは歯ごたえと甘さがあります。美味しい地酒がたくさんある金沢。発酵した麹をうまく使えば、簡単にお酒のアテができます。2、3日おくことにより、味が調和し美味しく食べることができますよ。

材料

いか……1杯
糀（発酵させた糀）……1カップ
※甘酒でも代用できます
塩……適宜
ゆずの皮（乾燥させたもの）……適量

つくり方

一　いかは内臓を取り、細切りにする。塩をして一晩おく。
二　塩漬けさせたいかを洗って水気を取り、発酵させた糀によく混ぜて漬け、2、3日おく。
三　器に盛りつけ、ゆずの皮を細かくしたものをちらす。

小メロンの浅漬け

マスクメロンの産地では、一本の苗木に一つの大きなマスクメロンをつくります。そのため一つだけを残し、余分な小メロンは摘み取られ、それが金沢にも入ってくるのがちょうど梅雨のさなか。可愛い小メロンをうりの一種と考えて、浅漬けはいかがでしょう。

材料

小メロン……5個
昆布（5センチ幅×10センチ）……1枚
だし……2カップ
塩……小さじ1
きび砂糖……大さじ1と½
米酢……½カップ
かぼす輪切り……数枚

つくり方

一　小メロンはきれいに洗って、縦6つに櫛切りにする。
二　昆布は3カ所ほど切れ目を入れておく。
三　小メロンに昆布・だし・塩・きび砂糖・米酢をまぜて瓶に入れて、一晩冷蔵庫でねかせる。
四　器に盛りつけ、輪切りのかぼすをそえる。

うり・きゅうり・大根の粕漬け

浅漬けはつくっても、粕漬けまではつくったことがないという方が多いです。長い年月をかけて、仕込んでからお世話をして一年。やっと私たちの口にはいる粕漬け。家でつくるのは大変ですが、手間をかけた分、美味しく仕上がります。野菜の全体量に応じて塩の加減は替えてくださいね。

材料

うり（中くらいのもの）……1本
きゅうり……6本
大根……1本
塩……適量
ザラメ砂糖……200グラム
ねり粕……1キロ

つくり方

一　うりは半分にして種を取る。
二　きゅうりは半日ほど干しておく。
三　大根は横に半分、縦1/4に切る。
四　うり・きゅうり・大根がかくれる程度に塩を入れて漬け込み、1カ月ほどおく。
五　ねり粕の中にザラメ砂糖を入れて、かき混ぜる。
六　四を洗って水気を拭き取り、五の中に入れて、3カ月ほど漬ける。
七　酒粕とザラメを新しいものに変え、かき混ぜて3カ月ほど漬ける。この作業をもう1回繰り返す。
八　よく漬かったら粕から出して洗い、切ったものを器に盛りつける。

※ここでは3回漬けますが1回でも食べられます。ザラメ砂糖、ねり粕は1回分の分量です。

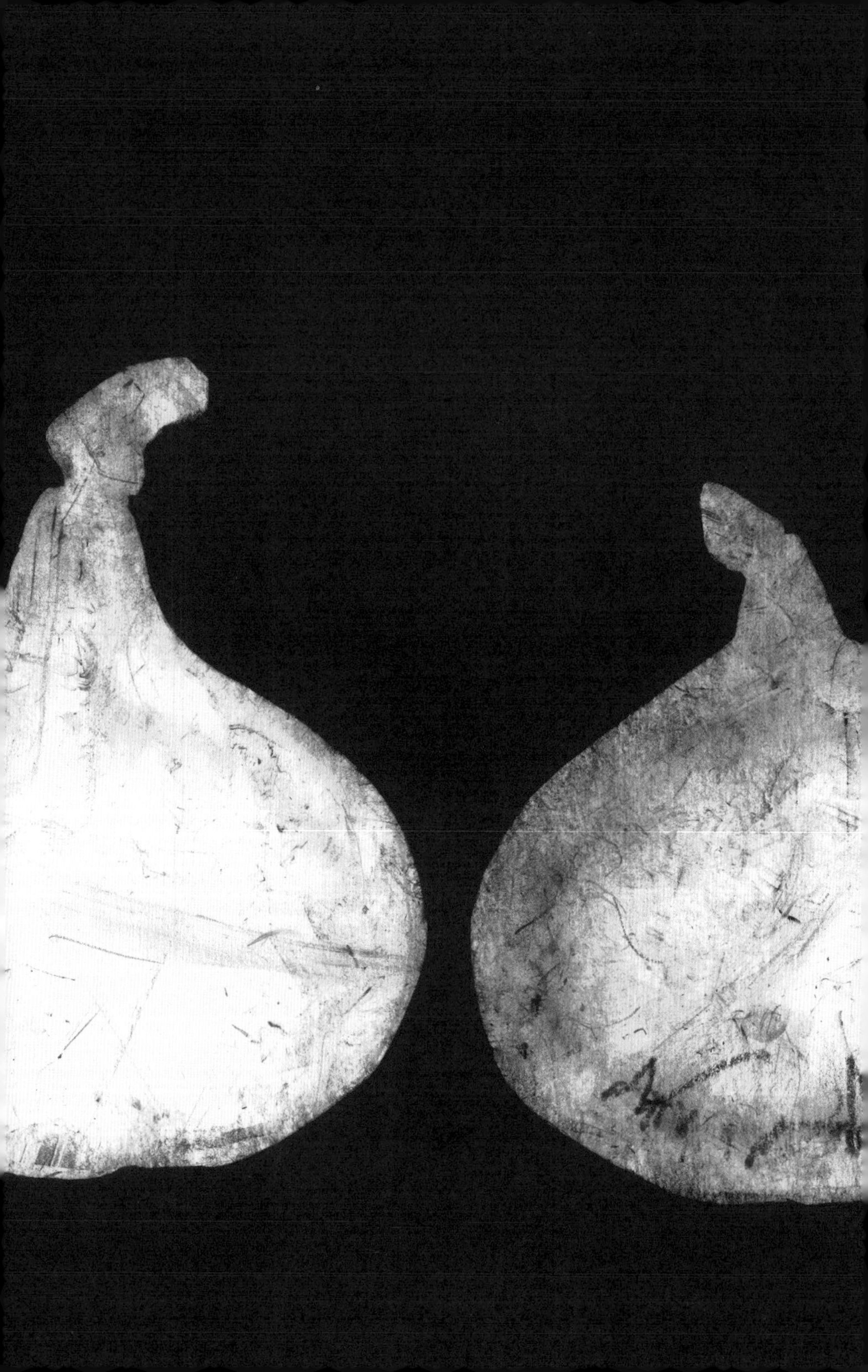

マスダさんの
よもやまばなし

食事は朝ごはんが一番大事

食事は朝・昼・晩ときちんと食べますが、食べる量は変えとるね。子どもたちが小さい時は夜がメインで食べていたけど、今は朝ごはんが一番大事。これから動く一日のはじまりやから。ごはん、味噌汁、納豆やとろろ、卵焼き、漬け物はだいたい基本。昼は朝より少なめに食べ、夜は本当に簡単に済ませます。寝る前に食べても胃の中のものは消化しませんし、眠りも浅くなり身体には悪いと思うね。前の晩ごはんの時に次の朝の味噌汁の具を用意しておく。そうすれば朝ごちゃごちゃとしなくてもいいし、これは祖母や母もやってきた準備やった。それをひきついどると思うわ。常に先へ先へと準備しておくとあとが楽やね。

調味料のさじ加減

料理はつくる季節や、つくる人によって味が変わるもんや。醤油でも味噌でも住む地域によって塩加減も違うしね。ほやから調味料を量ることはしたことないね。自分の舌で覚えとる感覚で味を調える。何回もつくっとるからできる長年のカン、私なりのさじ加減やと思うわ。それぞれが自分なりの方法で味を決めていけばいいんじゃないやろうか。調味料は使う種類と頻度によって置くところを決めとるね。冷蔵庫の中に置く場合も、位置をよく考えます。奥には長くもつもの。手前はすぐ使うものを置き、順に使い切るよう、気をつける。そういう習慣になっとるね。

すぐに下処理を

食品は買ってきたらすぐに処理するようにしとるね。葉物（ほうれん草、小松菜、春菊などの緑のもの）は綺麗に洗ってキッチンペーパーでくるくる巻いてビニール袋に入れて冷蔵庫に。豆類はさやの筋を取っておく。じゃがいも、ごぼうなど土つきのものは新聞紙にくるんで冷蔵庫の外に。玉ねぎは風通しのよいところで保存するといいね。葉物がしなびてきたら50度のお湯に20分から30分漬けておくとパリパリに。肉類はすぐに使わないようであれば塩を振るか、みそを絡めて冷蔵庫に。魚はワタを取り塩をして、お酢でメたり醤油と酒、生姜のすりおろしに漬けておくと2、3日は日持ちします。

保存の知恵

昔ながらの保存の知恵。ぬか漬けは季節ごとの野菜を楽しめます。ぬか床はだんだんと酸っぱくなってくるもの。そんな時は、塩、唐辛子、昆布のほか、リンゴやミカン、柿の皮などを干したものを足すといいね。そして、野菜や果物がしなびて来たら、天日干しにすると、生とは違った美味しさになる。大根は千切りに、リンゴは薄切り、ミカンや八朔の皮、しいたけ、エリンギなどのキノコ類は干すことによって、うまみがギュッと凝縮して味も濃く、甘みも強くなるように思うね。干しリンゴは紅茶に入れたり、ナッツと合わせてスナックに、柑橘類の皮は干した後に細く切って、料理の隠し味や飾りに使うといいよ。

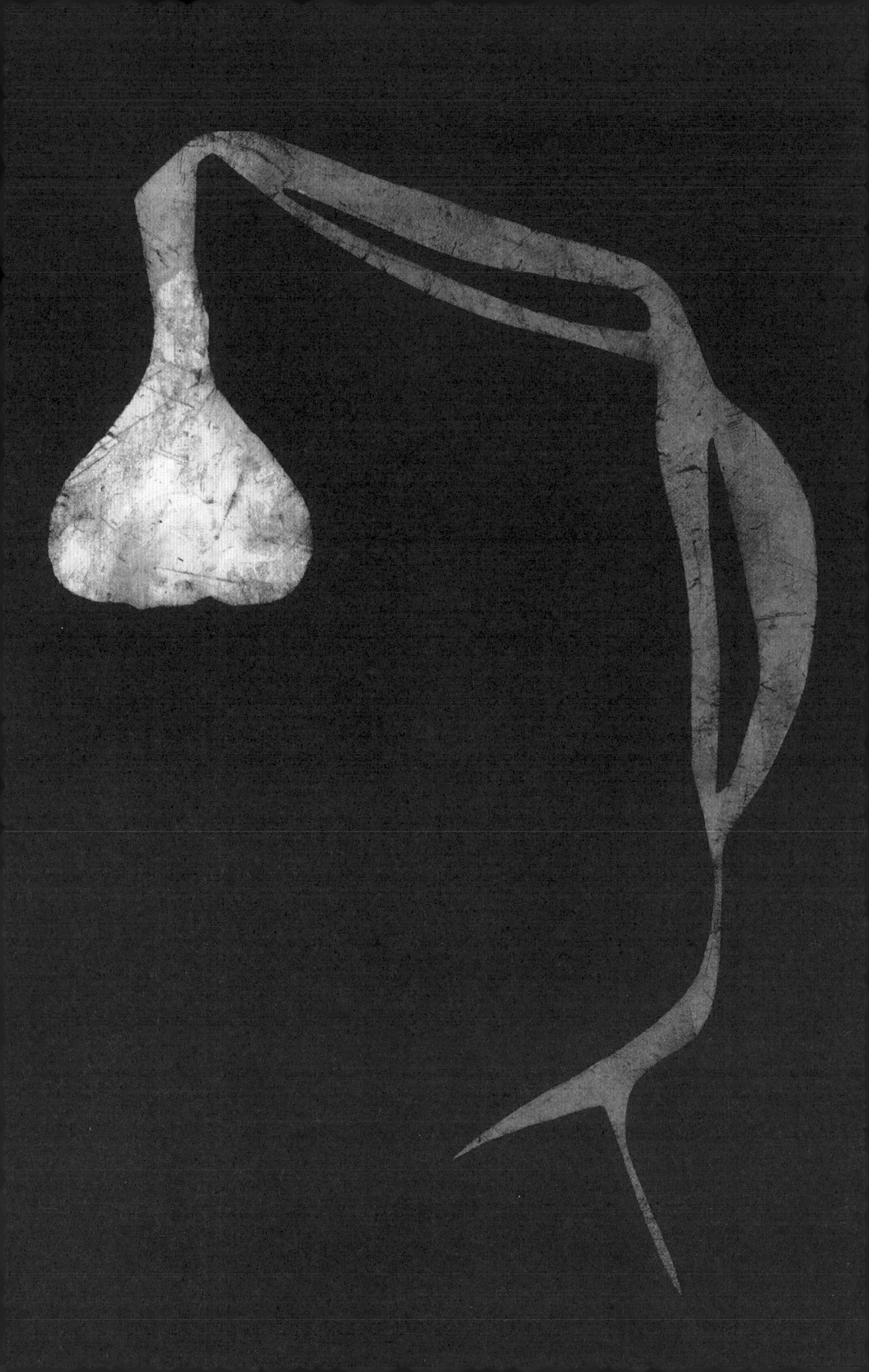

長生き家族の秘訣

毎日健康でいるために食べているものがあります。ニンニクは皮を剝いてコロコロとフライパンで焦げ目がつくくらいまでに炒って、それを瓶に入れておいて食べています。それからね、金沢では昔からどじょうのかば焼きを食べますよ。串に刺したどじょうに甘い醤油だれをつけながら炭火で焼いたもの。カルシウムやビタミンＤが豊富なんや。焦げ目がついて骨がたくさんあるから、歯ごたえもありバリバリ香ばしいんやよ。最近はうなぎの値段が高いやろ、金沢に昔からある伝統食のかば焼きは美味いよ。新ショウガの出回る時期には薄切りにして甘酢に漬けておきます。それを一日に5、6枚食べると次の日に疲れが残っとらんような気がするわ。そんなもん食べとるから大病したことはないよ。父は88歳、母は96歳まで生きとったから、まあ長生き家系と言えるかもね。

家での健康法

熱が出たら、梅干しの種を取って、実を左右のこめかみに濡れたまま貼りつける。熱を吸って梅干しがカラカラに乾くので、それを繰り替えしているうちに熱が下がって来るね。咳が出る時は長ねぎを30センチの棒状のまま唐辛子と塩を振ってフライパンで煎り、それを半紙でくるんで手拭いの間にはさんで首に巻くと、そのうち首が温まってきます。使った梅干しや長ねぎは、「ありがとう」と言って捨てます。私にはストレスはない。どうにもならないことをいつまでも思っていてもしようがない、後ろは振り向かない。心身の健康のために大事なこと。祖母も強い人やったからそんなところは似とるのかも知れんね。

金沢の和菓子

金沢には和菓子文化が根づいています。前田のお殿様の時代からお茶をたしなむ人が多いためか、和菓子屋さんがたくさんあるんですよ。切磋琢磨して、それぞれがよい和菓子をつくり伝えています。私は季節によってそれぞれの和菓子屋さんで買うものを決めています。森八では宝達葛のくずきり、柴舟小出のくるみ最中、しょうが餅、うら田の加賀八幡起上もなか、雅風堂の胡麻せんべい、高砂屋の巻絹など、金沢の和菓子は種類が豊富やし、季節ごとでいろんな味が楽しめるね。見た目も可愛らしいし、職人さんが一つひとつつくるものなので、一種の工芸品やね。昔からある和菓子は無くならんといて欲しいわ。

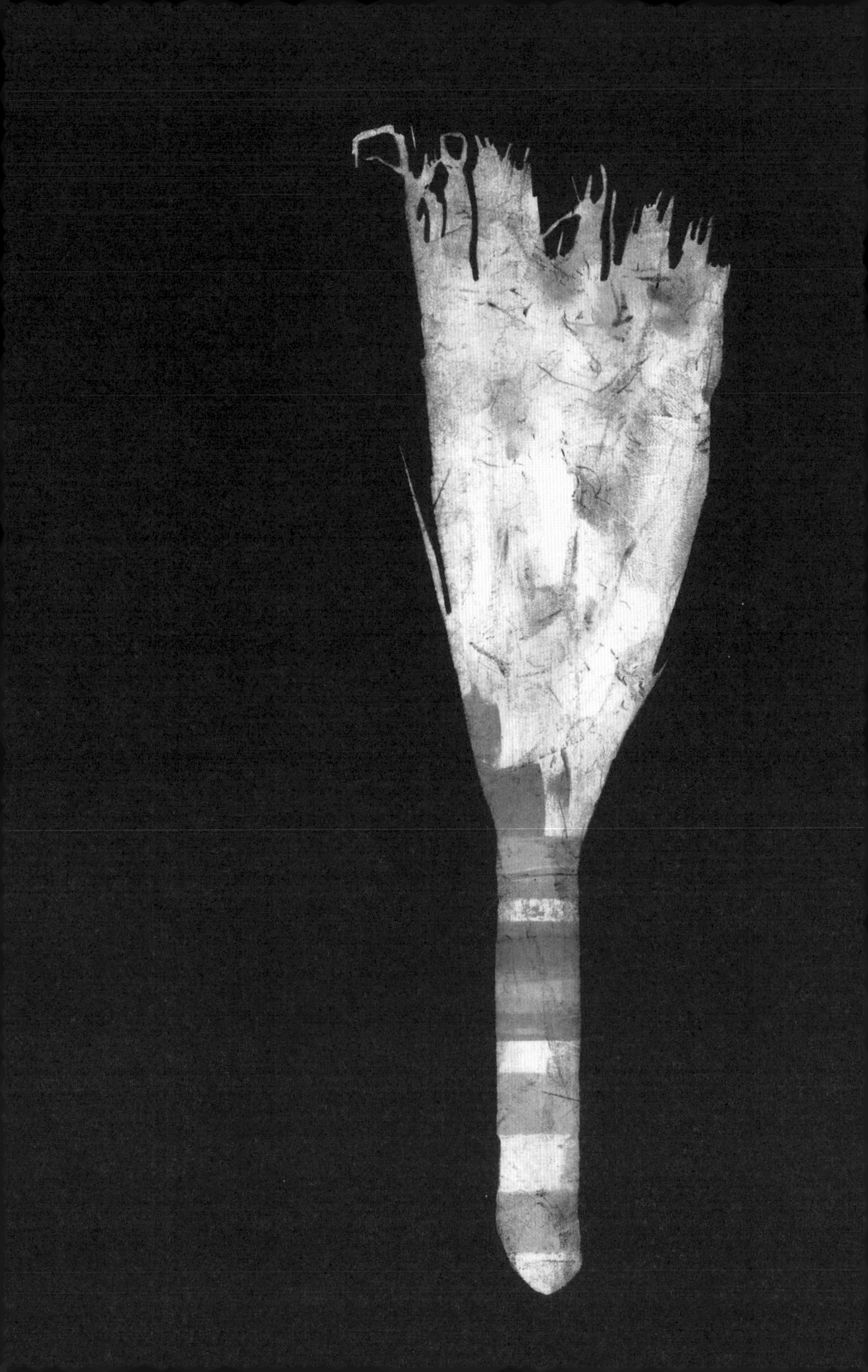

掃除の順番

掃除には順番があります。家の内から外へ、というのが基本。最初は台所周りから。シンクの内側、冷蔵庫の中の整理と拭き掃除、その後にトイレ。それから、座敷、寝室などの電気器具や棚にはたきをかけ、ほこりが下に落ちてから掃除機をかける。場所に合わせて掃除機の口も取り換えて使っとるね。そのあとは床や畳を拭き、それが終われば、玄関、玄関戸、柱、下足箱の上を拭く。最後に玄関に水をまくと空気がシャキッとするね。毎日ではないけど床の間や柱を米ぬか袋か、オイルをしみこませた布で磨いたり、ゴミ出しの日の朝には外周りと庭を掃除しとる。窓拭きは季節ごとに、カーテンは年に一度といった風に。一度に全部しようとすると大変なので、何日かごとにやるのがいいと思うね。

畳の掃除

今は畳の部屋が少なくなってフローリングが多いね。フローリングだと、掃除機かほうきでほこりを取ったら、布や紙の雑巾で拭けばよいのですが、畳は埃が入り込んでいるので、「お茶がら」を使って掃除したもんやね。お茶を出したあとの半乾きの「お茶がら」を畳に撒いて箒で掃くと適度な水分があるし埃も立たないのです。お茶がらがない時は新聞紙を湿らせてちぎり、ばらまいて掃いたあとに拭く。特に畳縁の部分はしっかり拭きますよ。汚れたら目立つ部分やからね。また、新聞紙はよくもんで少しだけ湿らせて窓拭きに使うと、窓の埃をよく取ってくれますよ。

焦げつきを取る

お酢や重曹は酸性なので、その性質を利用すれば焦げつきがきれいなるね。昔は畳に炭やタバコの火を落としたりして焦げがついたら、お酢を歯ブラシにつけて焦げた部分につけてしばらく置いて布巾で拭く。それを何回か繰り返すと色が薄くなってくるんや。年末の大掃除の時はバケツの水に重曹をカップに半分ほど溶かして畳を拭くと一年分の汚れが取れますよ。鍋が焦げた時は大鍋に焦げた鍋がつかるくらい水を入れ、お酢または重曹を大さじ3杯ほど入れたら鍋を入れたまま沸騰させ、10分ほどしたら火を止め、そのまま一晩つけておきスポンジで磨くと焦げが取れるんや。アルミ製品には使えないので注意してね。

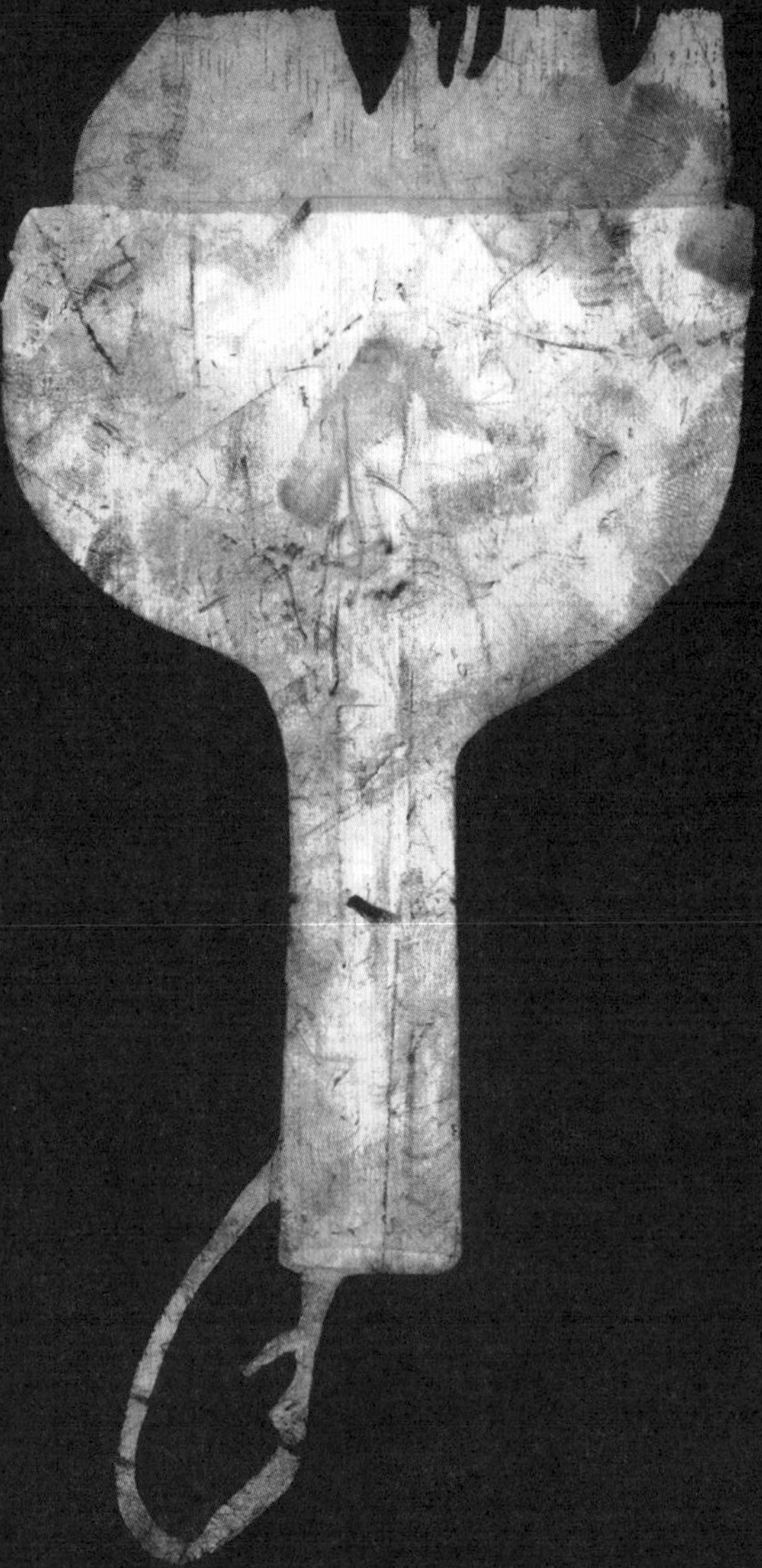

物を長く使う

物は質のよいものを吟味して買っとるね。小さい頃から鞄や靴はあつらえのものを親たちが揃えてくれた。だから、質がよくて長くもつものを大事に使うように心がけています。また、毎日使う道具は使っているうちにだんだんと愛着が湧いてくるもんやから手に馴染むものを使いたい。おろし金やおしゃもじや料理用のへらなんかはもう長いこと使っとる。お掃除道具も用途によって使い分けてます。ほこり取りは広いところ、細いところ、ほうきも外箒、家箒、小さい手周りの箒、使い古しの歯ブラシも取っておいて使います。道具たちがよく働いてがんばってくれたなあ、と思うと愛しくなるね。

衣替えと着物

衣替えは6月と10月。冬物は洗ってよく乾かしてから片づけます。6月の夏物も、出したら必ず一度は洗うようにしとるね。そして、着物は夏の土用が終わったら、箪笥から出して干し始める。金沢は湿度が高いから、夏の短い間に、窓を開け放って着物を干すんや。それはもう大仕事やね。姑も小姑も着物が普段着だったからミシンを覚えて、お洋服をつくり始めるまでは、着物を着とった。夏は浴衣やったし、たすき掛けして洗濯をしたもんや。動きにくそうに見えて案外、動けるもんです。年末には洗い張りもしたね。今考えてみると着物は日本人の体形に合わせてつくられ、暮らし方にも沿うてきたもの。日本の女の人を綺麗に見せる風情のあるものやわ。最近は日本の大事なものがなくなってしまい、悲しくなりますね。

仕事から学ぶ

仕事はね、「あれ嫌、これ嫌」ということはなかったね。どの仕事もありがたくやらせてもらったし、お給料をいただくということは、言われた以上のことをこちらからは返すということ。そうして信頼関係をつくってきた。私の来た道を考えると、すべての仕事からなんでも学んでやろう、覚えてやろう、と考えとった。それがあとになって役に立っていることが多いね。割烹では野菜の飾り切りや盛りつけ、笹の葉で虫や草履などの飾りをつくることを覚えたし、内職の細かい仕事も、掃除も一生懸命やった。いかに生き生きと楽しんで仕事するか、お金をいただくということに感謝できるか、それにつきると思うね。

さりげない贅沢

私の若いころ金沢はいろんな習いごとをする人がいてね、お茶やお花、お琴や謡い、日本舞踊など芸事をする人が多かったね。金沢はそういう文化度の高い街だと思っています。生け花は好きでいろいろな人から頼まれてよく活けました。料亭の床の間やお寺の行事などがあるとその時の季節の花を飾るのです。それが楽しみやったね。飾った花を皆が見て喜んでくれるのが嬉しくてね。それから季節の和菓子でお抹茶をいただくことが何よりの楽しみ。抹茶茶碗を吟味し、和菓子の器も漆や竹、ガラスや焼き物、時節に合わせて選びます。普通の人の暮らしの中にさりげなく文化が根づいていることが金沢人の贅沢かなと思っとる。金沢にいらっしゃる人にはそんなところにも触れてほしいね。

基本は暮らし

品位というのは、生まれや学歴、お金のある無しと関係ないと思う。その人の考え方がすべてなんじゃないかね。どんな貧しい家に育っても、親がどんな人でも、心がけ一つで人は誇りを持って生きることができる。自分で「こうしよう」と決めて行くしかないね。基本は暮らし（食べ物、掃除、信仰）だと私は思うんや。それから人への思いやり。向上心と我慢すること。金沢は明治維新までは武士の街やった。だから、無骨で大胆。やんちゃなところもあるね。そして職人たちはコツコツ働く。あまり小難しいことは言わない。そんなところが金沢には受け継がれとる気がするね。女の人は辛抱強く勝気な人が多いかもしれんね。私もその一人やけど。

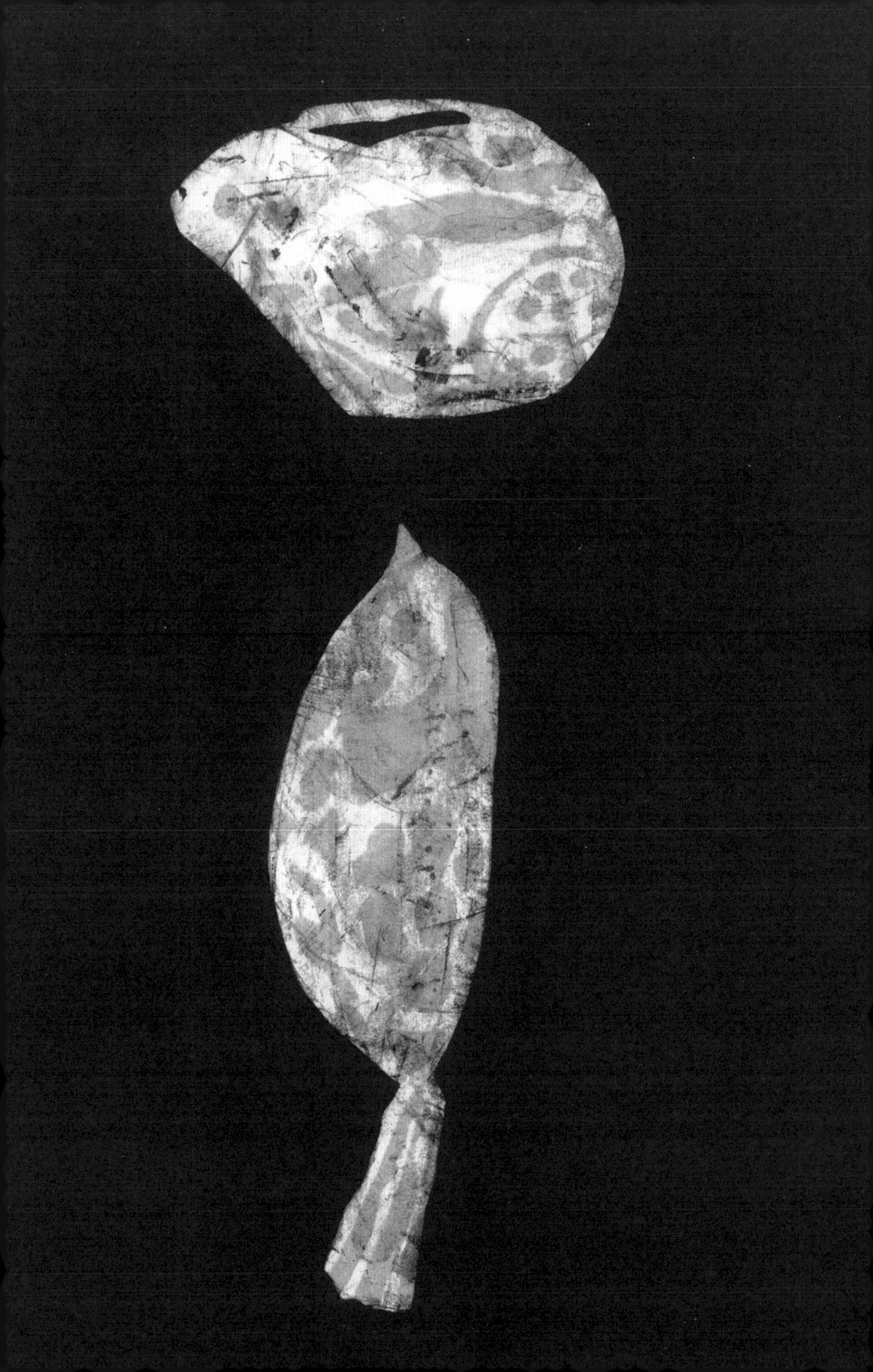

感謝の気持ち

花でも動物でも小さいものが好きやね。山野草もね。野鳥はね、すずめが好きです。若い時はしなかったけど、今は道端のすずめにも声をかけるよ。「すずめさん、朝ごはん食べたんか」とか、「家に帰らんがか」とかね。そんな風におばあさんになったら声かけできるようになりました。私は生きとるもんを育てるのがうまいんかも知れんね。お祭りの金魚を貰ったら、必ずうまく育つんや。20年くらい生きていた金魚もおる。2、3年前最後の金魚が死んだ時に「あんたはどこにいくんかな」と聞きましたよ。「長い間ありがとう」と言って浅野川に流しました。寂しいけどもうそれが最後で金魚を飼うのはやめたんや。いつも周りの人や自然からいろんな恩恵を受けとるからね。自分も含め、周りの人が健康でいることが一番の幸せやと思います。

メモ

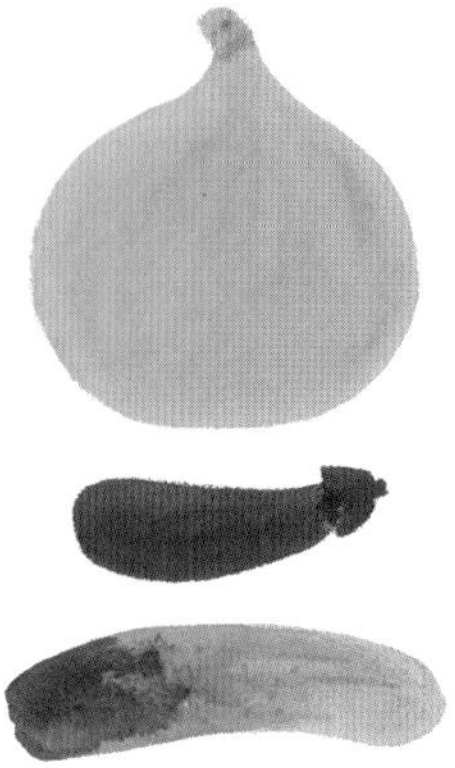

マスダさんの金沢ことば

わたしゃ、暑ーいのが、まって苦手なんや。冬は「は〜っ」てしたら息が白なる部屋におっても平気ながに、夏は何しても逃げられんやろ。外出んと家にチンとしとるときもあるがや。夏の蒸し暑い夜は布団敷いた部屋を冷房でキンキンに冷やして寝とるね。滋養のある料理で夏を乗り切るんや。

▼私は暑いのがとても苦手です。冬は「は〜っ」としたら息が白くなる部屋にいても平気なのに、夏は何をしても逃げられないでしょう。外に出ずに家にじっとしているときもありますね。夏の蒸し暑い夜はお布団を敷いた

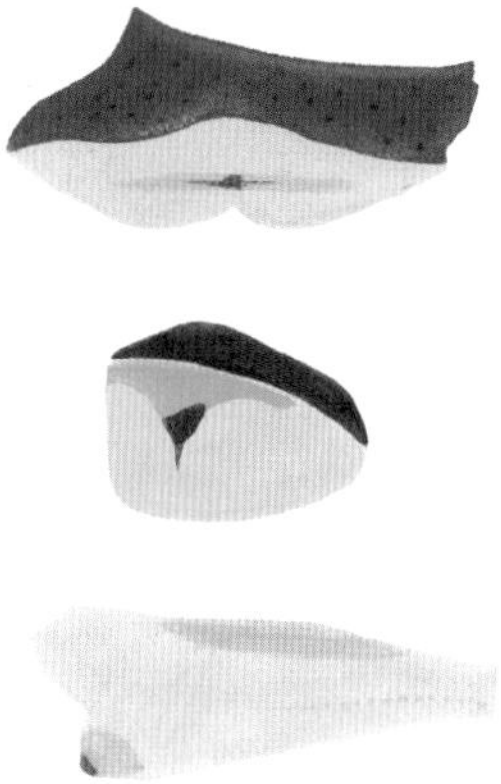

部屋を冷房でしっかり冷たくして寝ています。滋養のある料理で夏を乗り切るのです。

ひじきはむか～しからよう食べるね。なんにで～も合うし、体にもいいもんやし。混ぜご飯にしたり、卵焼きに混ぜたり、シラスと乾煎りしておにぎりに混ぜたりして、まっでりくつなもんや。たくさんたんまっし。

▼ひじきは昔からよく食べますね。なんにでも合いますし体にもよいものです。混ぜご飯にしたり卵焼きに混ぜたり、シラスと乾煎りしておにぎりに混ぜたりして、とても便利なものです。たくさん食べてくださいね。

メモ

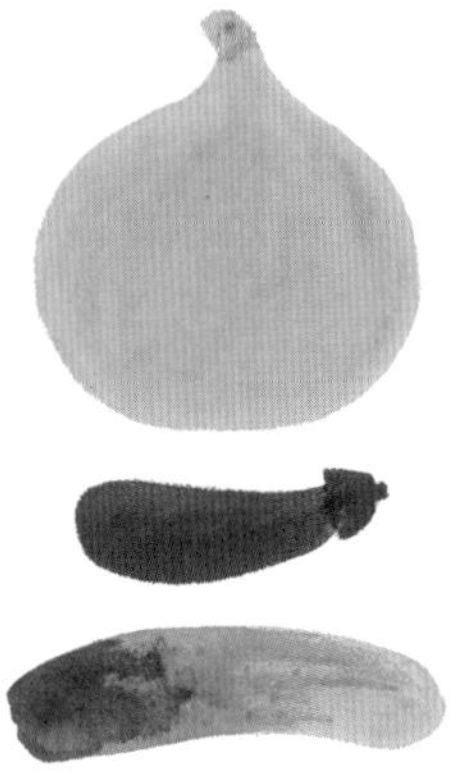

マスダさんの金沢ことば

うるいは昔はよ～市場にでとったんやけど、最近若いひとらは食べ方が分からんからか、あんまり売っとるがを見んようになったね。ほやさけ市場に出とるときは、嬉してかならず買うんや。わたしゃ、珍しい野菜見たらまず買いと～なるね。これをどんなに料理したら～、と考えるだけでワクワクするんやね。本当に楽しいんや。

▼うるいは昔よく市場に出ていましたが、最近若い人たちは食べ方がわからないからか、あまり売っているのを見なくなりましたね。なので、市場に出るときは嬉しくて必ず買います。私は珍しい野菜

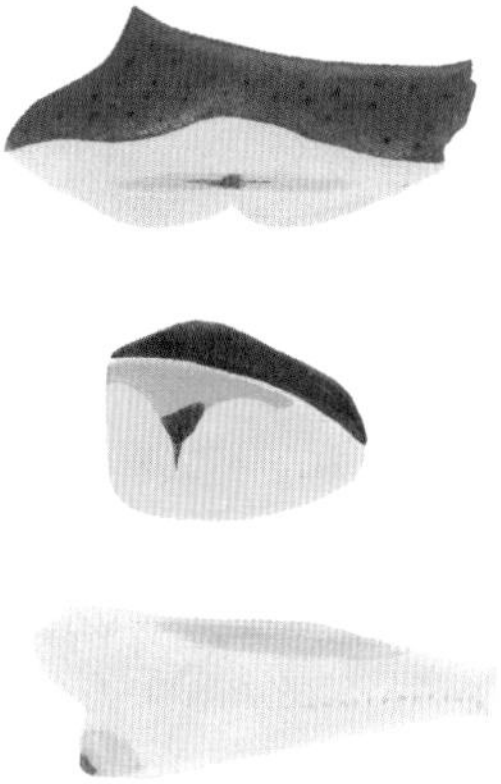

を見たらまず買いたくなりますね。これをどのように料理したら、と考えるだけでワクワクします。本当に楽しいです。

近江町へ朝の早うに行ったら、イカの新鮮ながが売っとるわいね。スルメイカでもヤリイカでも、こうてきたら直ぐに塩水であろて干すと、次の日いいがーに塩味ついて、身がしまっとるわいね。ワタと友和えで日本酒飲んでんまっし。最高やわいね。

▼近江町へ朝早く行ったら新鮮なイカが売っています。スルメイカでもヤリイカでも買ってきたら直ぐに塩水で洗って干すと、次の日によい感じで塩味がついて身がしまっています。ワタととも和えでお酒を飲んでみてください。最高ですよ。

マスダさん略歴

昭和14年　0歳

石川県河北郡津幡町に生まれる。父は縫製会社の社長、母は撚糸の会社を経営していた。母の実家は農家。祖母（父の母）に厳しく育てられる。

昭和32年　18歳

父の会社が金沢にあったため、高校卒業後金沢に住む。縫製会社の輸出品の検査会社で事務の仕事に就く。9時から17時の勤務。ダンスホール、温泉など同僚とよく出かけ、北陸すべての温泉を制覇する。その時の付き合いが60年経った今でも続いている。

昭和38年　24歳

お見合いで結婚。結婚したら辞めなければならない会社だったため、それを機に退職、美容関係の製品の卸しの会社で内職をする。

時代の出来事

昭和14年	第二次世界大戦勃発
昭和20年	終戦
昭和22年	日本国憲法施行
昭和32年	石原裕次郎出演「嵐を呼ぶ男」映画公開
昭和35年	60年代安保
昭和36年	うたごえ喫茶登場
昭和37年	テレビ契約者が1000万人突破
昭和38年	アニメ「鉄腕アトム」放送開始
	ケネディ大統領暗殺
昭和39年	東京オリンピック開催
昭和40年	パンタロン流行

昭和40年　26歳	長男が生まれる。	昭和41年　ビートルズ来日
昭和42年　28歳	次男が生まれる。	昭和42年　リカちゃん人形新発売 昭和43年　川端康成氏 ノーベル文学賞受賞 昭和45年　日本万国博覧会（大阪万博） アポロ13号打ち上げ
昭和47年　33歳	縫製会社に転職。裁断した布を縫製する人のところに配達する、営業をしていた。	昭和47年　上野動物園でパンダ初公開 昭和50年　第二次ベビーブーム
昭和52年～59年 38歳～45歳	かぶら寿司の会社「泉屋」でかぶら寿司づくり、加賀友禅の下絵ののりおき、中埋めなどの仕事をする。	昭和52年　カラオケブーム始まる 昭和55年　ジョン・レノン暗殺 昭和57年　紙おむつ発売開始 昭和60年　日航ジャンボ機墜落事故
平成元年～12年 60歳～70歳	割烹「森泉」で仕事をする。	平成元年　消費税導入 平成2年　バブル崩壊

以来81歳になった今も、金沢でお掃除の仕事をしながら日々感謝しつつ暮らしている。

上：金沢の黒瓦　下左：蘭の葉で作った虫　下右：手編みの袋と涅槃団子

編集後記

ここでご紹介するマスダさんは、昭和14年（1939年）生まれ。シャキシャキといつも元気で陽気。金沢に住む一見普通のおばあちゃんです。

マスダさんとの出会いは2008年ごろ。金沢のとあるカフェに、掃除のおばちゃんとして来ていたマスダさん。その掃除の仕方や料理に私は魅了され、ウェブサイトで「マスダさんのまほう手帖」として連載を始めました。

マスダさんはいつも、「過去は終わった、未来はわからない、だから今を精一杯生きる」と言います。そしてそれを実行しています。

マスダさんはまほう使いのようにたくさんの知恵を授けてくれました。私の暮らしはそれまでよりずっとメリハリがつきました。野菜の処理や、味つけのこと、掃除の仕方、そしてどうしてもうまくいかない時、辛い時の対処の仕方がわかるようになったからです。

マスダさんには、広い世界に出なくても、この金沢で豊かに暮らしていけるということ。自分の力で今いる場所を楽園にするということを教わったように思います。

マスダさん、ありがとうございます。

中森あかね

金沢人の台所・近江町（おうみちょう）市場

暮らしと手料理 2

金沢ばあばのまほう手帖

2020年11月24日第1版第1刷発行

著　者　マスダさん

発行者　山下武秀

発行所　株式会社　風土社
〒162-0821
東京都新宿区津久戸町4-1　ASKビル3−C
電話 03-6260-9315（代表）
電話 03-6260-9316（編集部）
FAX 03-6260-9317
http://www.fudosha.com

編　集　中森あかね

企　画　株式会社　mido

撮　影　米谷 亨
池田ひらく（四季の花）

挿　絵　武藤良子

器　増田守世

装丁者　北口加奈子

印刷所　株式会社　東京印書館

ISBN 978-4-86390-058-5
Printed in Japan